MAGNUS
서술형 시리즈

고등영어 서술형
실전편

박지성 박은경 공저

도서
출판 **오스틴북스**

내신영어의 특징은 크게 두 가지로 나눌 수 있다. 수능영어에서 나오는 정형화된 패턴의 객관식 유형의 문제와 각 학교별로 다양하게 출제되는 서술형 문제이다. 본서는 학교 내신에서 출제되는 서술형 문제에 초점을 맞춘 "실전 서술형 평가 대비서"이다.

수능영어에서 객관식은 문제유형이 획일화되어 있고, 대부분의 학교 내신에서도 동일한 또는 유사한 문제가 출제되며, 유사 문제의 경우도 기존의 문제 유형의 틀에서 크게 벗어나지 않는다. 본문의 내용을 부분적으로 변형해서 난이도를 조절하는 정도이다. chatGPT의 활용이 증가하면서 새로운 유형 또는 기존의 문제의 난이도가 점차 높아지는 분위기다. 과거 외고에서 주로 나왔던 객관식 다중 정답 추론 문제가 그 한 예라고 볼 수 있다. 그러나 여전히 자사고와 외고 내신에서 접할 수 있는 "독특한 유형"의 객관식 문제를 제외하고는 그 차이가 대동소이하다고 볼 수 있다.

하지만 서술형 문제의 경우, 유형과 문항 수가 학교별로 상이하다. 특히, 객관식보다는 서술형 문제에서 학생 간의 점수 편차가 큰 만큼 서술형에 대한 대비가 곧 영어내신 "등급"을 좌우하는 열쇠라고도 볼 수 있다.

서술형 문제 유형은 다소 정형화된 패턴의 문제와 학교별 내신에 특화된 유형의 문제로 나눌 수 있다. 최근 chatGPT의 활용도가 높아지면서 출제빈도가 가장 높았던 우리말 영작 문제에 추가적으로 출제의 까다로움 때문에 출제빈도가 낮았던 문제들이 빈번히 출제되고 있다. 그 유형을 살펴보면 다음과 같다.

- 주제/제목 작성
- 요약문 작성
- 밑줄 친 내용에 대한 함의 추론
- 지문변형에 따른 단어, 구, 문장 영작 응용

등등 다양한 문제가 출제되고 있다.

본서는 전국의 약 200교의 최근 기출문제를 분석하고, 출제빈도가 높은 문제와 그동안 출제의 "까다로움" 때문에 출제 비율은 낮았으나 충분히 내신에서 출제 가능한 문제까지 모두 반영하여 총 14회로 구성한 "실전서술형 문제집"이다. 특히, 본서를 만들 때 가장 신중했던 부분은 학교 내신에서 출제 빈도가 높은 유형의 문제를 다양한 난이도에 맞춰 출제하되, 반드시 본문의 명확한 근거를 바탕으로 답 도출이 가능해야 한다는 점과 고난도라도 충분한 조건부를 두어 "solvable"한 문제를 출제했다는 점이다.

학교별 개별성을 고려하는 동시에 서술형에 자주 출제되는 구문을 총 100개로 구분하고, 개별문장 단위의 문제에서 시작하여 다양한 유형의 서술형 문제에 대비할 수 있도록 구성한 "고등 서술형 기본편"과 해당 실전교재를 통해서 정형화된 패턴의 문제와 특정 학교에서만 나오던 비주류 문제에 대한 대비가 모두 가능해졌다. 특히, chatGPT의 도래로 최근 등장하고 있는 신유형 문제를 함께 실어 어떠한 유형의 문제라도 당황하지 않고 대처할 수 있도록 만전을 기했다.

저자 박지성 박은경

1 구성

본서는 총 14회차로 구성되어 있다. 각 회차에는 4개의 지문에 많게는 20개, 적게는 13개 내외의 다양한 문제가 담겨 있다. 특히, 각 회차별로 Warm Up을 두어 해당 회차에 나오는 중요내용을 패러프레징한 문장을 활용하여 부분영작 연습을 할 수 있도록 구성하였다. 물론, 실전 문제 풀이 시 도움이 되고자 하는 의도가 담겨 있다.

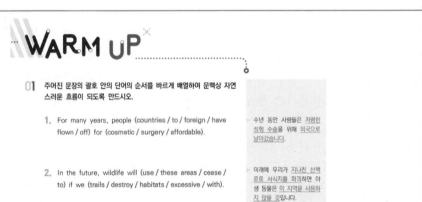

WARM UP

01 주어진 문장의 괄호 안의 단어의 순서를 바르게 배열하여 문맥상 자연스러운 흐름이 되도록 만드시오.

1. For many years, people (countries / to / foreign / have flown / off) for (cosmetic / surgery / affordable).

> 수년 동안 사람들은 저렴한 성형 수술을 위해 외국으로 날아갔습니다.

2. In the future, wildlife will (use / these areas / cease / to) if we (trails / destroy / habitats / excessive / with).

> 미래에 우리가 지나친 산책로로 서식지를 파괴하면 야생 동물은 이 지역을 사용하지 않을 것입니다.

2 특징과 문제 유형

본서는 전국 약 200개 고등학교 기출 데이터를 바탕으로 다양한 주류와 비주류 유형의 문제를 모두 담았다. 매 지문 옆에는 NOTE란을 두어 본문을 이해하는데 기본적으로 알아야 할 어휘를 담아 문제풀이가 용이하게 했다.

[4] 다음을 읽고, 물음에 답하시오.

When I was in high school, we had students who could study in the coffee shop and ㉠ not get distracted by the noise or everything ㉡ happening around them. (가) O_____ t_____ o_____ s_____ of t_____ s_____, We also had students who could not study if the library was not super quiet. The latter students suffered because even in the library, (나) it was impossible to get the type of complete silence they sought. These students were victims of distractions who found ㉢ them very difficult to study anywhere except in their private bedrooms. In today's world, it is impossible ㉣ to run away from distractions. Distractions are everywhere, but if you want to achieve your goals, you must learn how to tackle distractions. You cannot eliminate distractions, but you can learn to live with them ㉤ in a way that ensures they do not limit you.

+ NOTE

latter 후자의	achieve 성취하다	eliminate 제거하다
suffer (고통·변화 따위를) 경험하다, 입다, 받다	tackle (일·문제 따위에) 달려들다, 달려 붙다	ensure 보장[보증]하다
victim 피해자		

✱ 세부 유형은 다음과 같다.

유형 1 주제/제목 작성

---

1 글의 주제를 작성하려고 한다. 박스에 제시된 단어만을 사용하여 완성하시오.

제시어
medical / development / industry / tourism

주제: _____ of _____ _____ _____

모든 학교에서 출제 가능한 유형으로 대표적인 대의파악 문제를 서술형으로 응용한 문제이다.

유형 2 요지문 작성

---

5 본문의 요지문을 작성하려고 한다. 아래 조건에 맞게 박스 안의 단어를 사용하여 제시된 요지문의 빈칸을 채우시오.

● 조건 ●
• 단어는 중복되어 사용하지 않음.
• 빈칸의 문맥에 맞게 제시된 단어의 품사를 변형할 수 있음.
• 빈칸에 한 단어만 쓸 것.

media	environment	toxic	place
peer	economy	government	practice
consumer	culture	offend	

(A) _____ pressure helped solve (B) _____ problems.

주제/제목과 같은 대의파악 문제로 일반적으로 조건부가 제시되는 경우가 대부분이다. 최근 출제빈도가 높아지는 추세로 철저한 대비가 필요한 유형이다.

유형 3 영영풀이

---

6 아래에서 영영풀이에서 정의되는 단어를 본문에서 찾아 쓰시오.(단, 4개의 철자로 된 단어임)

정의: a part of a large building that sticks out from the main part, often having been added at a later date

답 _ _ _ _

최근 다양한 학교에서 영영풀이를 활용한 어휘력 평가문제가 서술형으로 출제되고 있다.

유형 4 어법수정

2 밑줄 친 ㉠~㉮ 중 어법 상 틀린 것을 **두 곳** 찾고, 해당 부분을 **바르게 고치시오.**

기호		틀린 표현		맞는 표현
_____	:	_____	→	_____
_____	:	_____	→	_____

> 대부분의 학교에서 출제하는 어법수정 문제이다. 학교에 따라 본문의 내용을 변형하여 출제하거나 "옳은 것을 모두 찾아 고치시오"와 같은 고난도 문제가 출제되기도 한다.

유형 5 지문 대화체 변형: 영작

6 다음은 본문의 내용을 바탕으로 세 사람이 나눈 대화이다. 본문과 일치하는 자연스러운 대화가 되도록 괄호 안의 단어를 바르게 배열하시오.

찬수: Hey, did you hear about the TRI program in the US?

미선: No, what's that?

찬수: It was a program ⓐ (report / to / that / companies / required / their / toxic / **discharges**) to the government, but what's interesting is that the media played a big role in making it successful.

태진: How so?

찬수: Well, the media would target the worst polluters in different areas and put them in the spotlight. For example, there was a big media campaign against the worst industrial air toxic polluter in New York City, and as a result, ⓑ (their / reductions / **emissions** / they / to / in / make / had / large-scale).

미선: Wow, that's impressive. Did it work for other companies too?

찬수: Yes, the media coverage created a kind of blacklisting effect, ⓒ (company / to / wanted / where / worst / ranked / among / no / the / be), so they all worked harder to improve their environmental practices. And it paid off – there was a 45 percent decrease in toxic discharges between 1988 and 1995.

태진: That's great to hear. It shows that public pressure ⓓ (their environmental impact / for / companies to / a difference / in getting / take / can make / responsibility).

ⓐ _____

ⓑ _____

ⓒ _____

ⓓ _____

> chatGPT의 활용으로 지문 유형의 변형이 손쉽게 가능해졌다. 최근 여러 학교에서 지문을 대화체로 변형하여 출제하는 비율이 늘어나고 있으므로 반드시 풀어보아야 하는 유형이다. 본문의 내용을 대화체로 바꾼 후 이를 활용하여 문장의 부분 또는 전체 내용을 바르게 배열하여 영작하는 유형의 문제가 출제된다.

유형 6 지문 대화체 변형: 빈칸완성

4 다음은 본문의 내용을 바탕으로 세 사람이 나눈 대화이다. 본문과 일치하도록 아래 조건에 맞게 답하시오.

> Person 1: Hey, have you heard about the proposed Pine Hill walking trail in Boulder?
> Person 2: No, what's that about?
> Person 1: Well, there's a plan to build a walking trail through the land ⓐ _____ a lot of species live. Tyler Stuart, who was born and raised in Boulder, is ⓑ a_____ it.
> Person 3: Why is Tyler ⓑ a_____ it?
> Person 1: He's saying that the animals need space to hide from human activity. He's worried that if we continue to build too many trails, the wildlife won't be able to use these areas anymore.
> Person 2: I can see why he's concerned. It's important to protect ⓒ w_____ h_____.

—— • 조건 •

- 빈칸 ⓐ의 경우 한 단어의 관계부사를 채워 넣을 것.
- ⓑ의 두 빈칸에 들어갈 단어는 모두 a로 시작하는 총 7개의 철자로 구성된 단어임.
- ⓒ는 두 단어로 구성된 표현이며 각각 w와 h로 시작하는 단어이며, 본문에서 각각 찾아 문맥에 맞게 적을 것.

유형 5와 같은 유형이나 〈조건〉 제시형 빈칸 넣기 문제이다.

유형 7 세부내용을 바탕으로 정의작성

✔고난도

4 본문에서 언급되고 있는 TRI program에 대한 정의를 작성하려고 한다. 빈칸에 들어갈 단어를 써넣으시오. (단, 철자가 제시된 경우 해당 철자로 시작하는 단어를 쓸 것)

TRI tracks the management of certain ㉠ _____ _____ that may ㉡ p_____ a ㉢ t_____ ㉣ t_____ the environment.

본문에 나온 특정 개념이나 대상을 빈칸 넣기 문제로 응용하여 정의하는 능력을 평가하는 문제가 출제된다.

유형 8 문맥적 내용파악을 활용한 재진술

1 밑줄 친 (가)의 문장과 같은 의미가 되도록 빈칸을 채우시오.(단, 철자가 제시된 경우 해당 철자로 시작하는 단어를 넣을 것)

= Its original goal was simply to require that companies _____ their toxic discharges, so that state and federal governments would b_____ a_____ o_____ current practices.

본문의 특정 문장의 내용을 재진술하는 문제로 빈칸 넣기 또는 부분 영작이 주로 출제된다.

유형 9 문법을 활용한 재진술

1 밑줄 친 (가)를 who로 시작하는 표현으로 작성하시오.(단, 각 빈칸엔 한 단어만 사용하고, 전치사 on을 활용하여 작성할 것)

from the wait list

= _____ _____ _____ _____ _____ _____

유형 8의 재진술 유사문제로 문장의 구조를 변경하는 능력을 묻는 문제가 출제 된다.

 유형 10 문법을 활용한 문장결합

1 괄호 (가)의 우리말을 영작하려고 한다. 아래 제시된 두 문장을 우리말에 맞게 한 문장으로 다시 작성하시오.

ⓐ The land is home to a variety of species.

ⓑ The proposed Pine Hill walking trail would cut through the land.

_____

특정 문법사항을 활용한 문장 결합 문제로, 교과서 평가문제에도 빠지지 않는 고전적 문제다.

 유형 11 본문 빈칸 완성

5 글의 요지와 관련하여 문맥상 빈칸에 들어갈 표현을 영작하려고 한다. 아래 조건에 따라 영작하시오.

─── 조건 ───
• get, people을 반드시 사용할 것.
• 추가단어 있고, 문맥에 따라 필요시 동사의 형태를 바꿀 것.

_____

본문의 빈칸에 들어갈 내용을 문맥적으로 추론할 능력이 있는지를 파악하는 고난도 유형으로 조건제시형이 주로 출제된다.

유형 12 동의표현

✔ 고난도
1 아래 영영풀이에 해당하는 밑줄 친 (가)와 동의표현을 적으려고 한다.(단, 제시된 철자로 시작하며, 각각 총 7, 2, 4개의 철자로 된 단어임)

영영풀이: to be careful and not take risks

= p_____ i_____ s_____

영영풀이와 본문의 특정 표현을 활용하여 어휘력을 평가하는 고난도 문제이다.

유형13　혼합형 = 영영풀이와 영작

2　아래 영영풀이에서 정의되는 단어를 본문에서 찾고, 해당 표현을 활용하여 제시된 우리말 표현에 해당하는 문장의 빈칸을 문맥에 맞게 채워 넣으시오.(단, 추가단어 있고 우리말 해석의 밑줄 친 동사 표현에 주의할 것)

영영풀이: to get rid of something or stop using something

제시문: These ridiculous rules and regulations ＿＿＿ ＿＿＿ ＿＿＿ ＿＿＿ ＿＿＿ years ago. (이런 말도 안 되는 규칙과 규제는 몇 년 전에 제거되었어야 했다)

유형 12와 마찬가지로 영영풀이에 해당하는 단어를 파악하고, 이를 응용한 부분영작 문제로 고난도 유형에 속한다.

유형14　조건부영작

7　괄호 (마)의 우리말을 아래 조건에 맞게 영작하시오.

━━ 조건

• 관계대명사를 사용하되, **that은 사용하지 말 것.**
• 아래 제시된 단어를 한 번씩만 사용하여 영작할 것.
• 추가단어 있음.
in / want / stay / patients / the / hospital

내신 서술형 문제 중 고전적 문제로 본문의 문장 전체 또는 부분을 제시된 조건에 따라 영작하는 문제이다.

그 외 다양한 유형의 문제를 총 14회에 걸쳐 담아 놓아 최근 출제되는 고등 서술형 시험에 만전을 다할 수 있도록 구성했다.

Contents:

MAGNUS
서술형 시리즈

고등영어 서술형
실전편

MAGNUS
서술형 시리즈

고등영어 서술형
실전편

MAGNUS

내신 서술형 실전 **01**회

WARM UP

01 주어진 문장의 괄호 안의 단어의 순서를 바르게 배열하여 문맥상 자연스러운 흐름이 되도록 만드시오.

1. For many years, people (countries / to / foreign / have flown / off) for (cosmetic / surgery / affordable).

> 수년 동안 사람들은 저렴한 성형 수술을 위해 외국으로 날아갔습니다.

2. In the future, wildlife will (use / these areas / cease / to) if we (trails / destroy / habitats / excessive / with).

> 미래에 우리가 지나친 산책로로 서식지를 파괴하면 야생동물은 이 지역을 사용하지 않을 것입니다.

3. Healing holidays will (whole / take / meaning / on / new / a) with medical tourism.

> 힐링휴가는 의료관광으로 새로운 의미를 갖게 될 것이다.

4. (company / last / the / wants / thing / any) is to be ranked the first.

> 어떤 기업이든 가장 원하지 않는 것은 1위가 되는 것이다.

5. The media (on / offenders / focused / environmental / the worst / attention) in order to (pollution / stimulate / a / in / substantial / reduction).

> 언론은 오염의 실질적인 감소를 자극하기 위해 최악의 환경 범죄자에 관심을 집중했습니다.

6. The TRI (the most / successful / regarded / of / programs / one / environmental / as / is) in U.S. history.

> TRI 미국 역사상 가장 성공적인 환경 프로그램 중 하나로 간주됩니다.

7. It is through diversity, challenge, and conflict (to / that / we / maintain / our / able / are / imagination).

> 바로 다양성, 도전, 갈등을 통해서 우리의 상상력을 유지할 수 있다.

02 괄호 안에 제시된 단어를 모두 사용하여 우리말을 영작하시오.
(단, 문제에 따라 추가단어와 어형변화 있을 수 있음.)

1. (vacation / the / health / line / care / and) will (blur / become / increasingly).

> 휴가와 건강관리 사이의 경계
> 는 <u>점점 더 흐려질</u> 것이다.

2. New York's largest emitter of pollutants (campaign / faced / extensive / an / media) that resulted in large-scale emissions reductions.

> 뉴욕에서 공해 물질을 가장
> 많이 배출하는 회사는 대규
> 모의 배기가스 배출 감소를
> 가져온 <u>광범위한 언론의 캠</u>
> <u>페인에 직면하게 되었다.</u>

3. Wildlife is (from / face / pressure / development), and these animals (to / hide / human / need / space / activity).

> 야생 동물은 개발로부터의 압
> <u>력에 직면해 있고,</u> 이 동물들
> <u>은 인간 활동으로부터 숨을 수</u>
> <u>있는 공간이 필요합니다.</u>

4. For patients who do not wish to remain in the hospital, the hotel (to / diverse / outdoor / activities / offers / options / engage).

> 그 호텔은 병원에 있고 싶어
> 하지 않는 환자들을 위한 <u>다</u>
> <u>양한 야외활동의 기회를 제</u>
> <u>공한다.</u>

5. Our ability to imagine is (of / and / diversity / a / maintain / challenge / tension / combination).
(단, A, B, and C의 병치구조를 활용할 것)

> 우리의 상상력은 <u>다양성, 도</u>
> <u>전 그리고 긴장감의 공동작</u>
> <u>업으로 유지된다.</u>

6. I was born and raised in the City of Boulder and (natural / enjoyed / all my life / scenic / our / have / spaces).

> 저는 Boulder 시에서 태어
> 나고 자랐으며 <u>평생동안 우</u>
> <u>리의 경치 좋은 자연 공간을</u>
> <u>누려왔습니다.</u>

7. Problems that require solutions (us / develop / use / our brains / creative / force / solutions).

> 해결책이 필요한 문제들은
> <u>창의적인 해답들을 개발하기</u>
> <u>위해 우리의 뇌를 사용하도</u>
> <u>록 강요한다.</u>

[1] 다음을 읽고, 물음에 답하시오.

(가) <u>Flying off to a foreign country for affordable cosmetic surgery has been a popular option for years</u>. But now, (나) <u>because of rising health care costs</u>, travelers are going abroad for routine surgeries and procedures. By 2012, experts predict, medical tourism will turn into a $100 billion international industry (다) (7억8천만 이상의 환자들이 해외에서 건강관리 서비스를 찾는 가운데). (라) <u>The line between vacation and health care will continue to blur</u>. Next year Singapore will open Asia's first medical hotel, a 260-room luxury high-rise connected to the east wing of the new hospital in Farrer Park. The hotel will feature a 500-seat conference hall, indoor and outdoor gardens, and a spa, as well as various medical equipment for (마) (병원에 있고 싶어 하지 않는 환자들). It will add new meaning to the concept of a healing holiday.

＋ NOTE

fly off 비행기를 타고 날아가다	blur 흐려지다	feature ~의 특징을 이루다
go aboard 해외에 가다	high-rise 고층 건물	
turn into ~로 바뀌다	connected to ~에 연결된	

1 글의 주제를 작성하려고 한다. 박스에 제시된 단어만을 사용하여 완성하시오.

제시어 medical / development / industry / tourism

주제: _____ of _____ _____ _____

2 밑줄 친 문장 (가)에서 추론할 수 있는 내용을 작성하려고 한다. 제시된 철자로 시작하는 단어를 쓰시오.

The costs of cosmetic surgery v_____ from country to country.

= The costs of cosmetic surgery a_____ d_____ from country to country.

3 밑줄 친 (나)의 문장을 아래 조건에 맞게 작성하시오.

● 조건 ●

• 구를 절로 바꾸어 표현할 것.
• 현재완료(have + p.p)의 표현을 사용할 것.

_____

4 괄호 (다)의 우리말을 아래 조건에 맞게 영작하시오.

> ● 조건 ●
> • [with + 목적어 + v-ing]의 구조를 취할 것.
> • 아래 제시된 단어만을 각각 한 번씩만 사용하되, 경우에 따라 문맥에 맞게 단어의 형태를 변형할 것.
> more than / health care / abroad / 780 / patients / seek / with / million

_____

5 밑줄 친 문장 (라)의 문맥적 의미를 작성하려고 한다. 아래 빈칸에 들어갈 단어를 넣으시오.(단, 빈칸 어느한 곳에 전치사를 반드시 사용할 할 것)

(라) The line between vacation and health care will continue to blur.

문맥적 의미: People will seek _____ _____ more and more while they are

_____ _____.

6 아래에서 영영풀이에서 정의되는 단어를 본문에서 찾아 쓰시오.(단, 4개의 철자로 된 단어임)

정의: a part of a large building that sticks out from the main part, often having been
      added at a later date

답 _ _ _ _

7 괄호 (마)의 우리말을 아래 조건에 맞게 영작하시오.

> ● 조건 ●
> • 관계대명사를 사용하되, **that은 사용하지 말 것.**
> • 아래 제시된 단어를 한 번씩만 사용하여 영작할 것.
> • 추가단어 있음.
> in / want / stay / patients / the / hospital

[2] 다음을 읽고, 물음에 답하시오.

The TRI was one of the most successful environment programs in American history. (가) <u>Its original goal was simply to require companies to report their toxic discharges, so that state and federal governments would know about existing practices</u>. But to stimulate extensive reductions, the media placed a spotlight on the worst offenders, leading them to do much better. (나) <u>The worst industrial air toxic polluter in New York City, for example, was subject to an extensive media campaign, one that led to large-scale emissions reductions</u>. Hundreds of local and national articles targeted "the top polluters" in relevant areas. The result was to create a kind of blacklisting. No company wanted to be ranked among the worst, which led to a 45 percent decrease of toxic discharges between 1988 and 1995.

✛ NOTE

require 요구하다	stimulate 격려[고무]하다	blacklist 블랙리스트[요시찰인 명부]
toxic 독(성)의; 유독한	extensive reduction 광범위한 삭감	(에 올리다).
discharge 방출, 유출; 배설물	large-scale 대규모의, 대대적인	
existing practice 기존의 관행	relevant (당면한 문제에) 관련된	

1 밑줄 친 (가)의 문장과 같은 의미가 되도록 빈칸을 채우시오.(단, 철자가 제시된 경우 해당 철자로 시작하는 단어를 넣을 것)

= Its original goal was simply to require that companies _____ their toxic discharges, so that state and federal governments would b_____ a_____ o_____ current practices.

2 밑줄 친 (나)의 문장과 같은 의미가 되도록 박스 안에 제시된 단어에서 찾아 빈칸을 채우시오. (단, 필요시 문맥에 맞게 단어의 어형을 변형할 것)

launch	on	in
result	create	substantial
insignificant	between	target
cause	sufficient	increase

= A major media campaign was _____ in New York City against the worst industrial air toxic polluter, one that _____ _____ _____ emission reductions.

3 아래 영영풀이 정의에서 설명되는 표현을 본문에서 찾아 쓰시오.(각 빈칸에 한 단어만 넣을 것)

영영풀이: to focus on or bring attention to someone or something

답 ＿＿＿＿＿＿ ＿＿＿＿＿ ＿＿＿＿＿ ＿＿＿＿＿

✓고난도

4 본문에서 언급되고 있는 TRI program에 대한 정의를 작성하려고 한다. 빈칸에 들어갈 단어를 써넣으시오. (단, 철자가 제시된 경우 해당 철자로 시작하는 단어를 쓸 것)

TRI tracks the management of certain ㉠ ＿＿＿＿＿ ＿＿＿＿＿ that may ㉡ p＿＿＿＿ a ㉢ t＿＿＿＿ ㉣ t＿＿＿＿ the environment.

5 본문의 요지문을 작성하려고 한다. 아래 조건에 맞게 박스 안의 단어를 사용하여 제시된 요지문의 빈칸을 채우시오.

● 조건 ●
• 단어는 중복되어 사용하지 않음.
• 빈칸의 문맥에 맞게 제시된 단어의 품사를 변형할 수 있음.
• 빈칸에 한 단어만 쓸 것.

media	environment	toxic	place
peer	economy	government	practice
consumer	culture	offend	

(A) ＿＿＿＿＿ pressure helped solve (B) ＿＿＿＿＿ problems.

6 다음은 본문의 내용을 바탕으로 세 사람이 나눈 대화이다. 본문과 일치하는 자연스러운 대화가 되도록 괄호 안의 단어를 바르게 배열하시오.

찬수: Hey, did you hear about the TRI program in the US?

미선: No, what's that?

찬수: It was a program ⓐ (**report / to / that / companies / required / their / toxic / discharges**) to the government, but what's interesting is that the media played a big role in making it successful.

태진: How so?

찬수: Well, the media would target the worst polluters in different areas and put them in the spotlight. For example, there was a big media campaign against the worst industrial air toxic polluter in New York City, and as a result, ⓑ (**their / reductions / emissions / they / to / in / make / had / large-scale**).

미선: Wow, that's impressive. Did it work for other companies too?

찬수: Yes, the media coverage created a kind of blacklisting effect, ⓒ (**company / to / wanted / where / worst / ranked / among / no / the / be**), so they all worked harder to improve their environmental practices. And it paid off – there was a 45 percent decrease in toxic discharges between 1988 and 1995.

태진: That's great to hear. It shows that public pressure ⓓ (**their environmental impact / for / companies to / a difference / in getting / take / can make / responsibility**).

ⓐ _____

ⓑ _____

ⓒ _____

ⓓ _____

[3] 다음을 읽고, 물음에 답하시오.

Diversity, challenge, and conflict help us maintain our imagination. Most people assume that conflict is bad and that (가) <u>being in one's "comfort zone"</u> is good. That is not exactly true. Of course, we don't want to find ourselves without a job or medical insurance or in a fight with our partner, family, boss, or coworkers. One bad experience can be sufficient to last us a lifetime. But small disagreements with family and friends, trouble with technology or finances, or challenges at work and at home can help us think through our own capabilities. (나) (해결책이 필요한 문제는 창의적인 답을 개발하기 위해 우리가 우리의 두뇌를 사용하도록 합니다.) (다) <u>Navigating landscapes that are varied</u> is more helpful to (라) _____ than hanging out in landscapes that pose no challenge to our senses and our minds. Our two million-year history is packed with challenges and conflicts.

+ NOTE

diversity 다양성	sufficient 충분한	navigate (장소를) 빠져 나가다, 통과
conflict 싸움, 다툼, 충돌	lifetime 평생	하다; (시기를) 지나쳐 가다
assume 가정하다	disagreement 논쟁, 불화	hang out 살다
medical insurance 의료보험	capability 능력	

✔고난도

1 아래 영영풀이에 해당하는 밑줄 친 (가)와 동의표현을 적으려고 한다.(단, 제시된 철자로 시작하며, 각각 총 7, 2, 4개의 철자로 된 단어임)

영영풀이: to be careful and not take risks

= p_____ i_____ s_____

2 괄호 (나)의 우리말을 영작하려고 한다. 박스 안의 단어만 사용하여 빈칸을 채우시오.(단, 필요한 단어만 사용하고, in order to는 한 칸에 넣을 것)

need	that	solutions	us
develop	to	problems	face
use	answers	in order to	up
with	our	brains	
force	come	creative	

_____ _____ _____ _____ _____ _____ _____ _____

_____ _____ _____ _____ _____ _____ _____ .

3 위 2번 문제의 영작 문장을 같은 의미의 문장으로 바꾸려고 한다. 빈칸에 들어갈 단어를 넣으시오.

조건

- ㉠의 2번의 박스 안의 단어를 사용하되, 필요시 어형변화 할 것.
- ㉡의 2번의 박스 안의 단어를 사용하되, 필요시 어형변화 할 것.(중복 단어 사용 가능)
- ㉢의 2번의 박스 안의 단어를 조합해서 ㉢의 빈칸을 채울 것.

When ㉠ _____ with problems that need a solution, we are ㉡ _____ to use our brains to ㉢ _____ _____ _____ creative solutions.

4 밑줄 친 (다)의 <u>문맥적 의미</u>를 작성하려고 한다. 빈칸에 들어갈 단어를 본문에서 찾아 쓰시오.(단, 제시된 철자로 시작하는 단어를 쓸 것)

Navigating landscapes that are varied
= offering trials and occasional c_____

5 빈칸 (라)에 들어갈 한 단어와 동의표현을 적으시오.(단, 제시된 철자로 시작하는 단어를 쓸 것)

(라) c_____
= b_____ c_____

[4] 다음을 읽고, 물음에 답하시오.

To whom it may concern:
I ㉠ <u>was born and raised</u> in the city of Boulder and ㉡ <u>have enjoyed</u> our scenic natural spaces for my whole life. (가) (제안된 Pine Hill 산책로가 지나가게 될 그 땅은 다양한 종들의 서식지입니다.) Wildlife faces pressure from development, and these animals need space ㉢ <u>where they can hide</u> from human activity. Although (나) <u>trails serve as a wonderful source for us to access to the natural world and appreciate the wildlife within it</u>, if we ㉣ <u>continue</u> to destroy habitats with excess trails, the wildlife will ㉤ <u>stop to use these areas</u>. Please reconsider ㉥ <u>that</u> the proposed trail is absolutely necessary.
Sincerely, Tyler Stuart

+ NOTE

To whom it may concern 관계자에게	face 직면하다	appreciate ~의 진가를 인정하다
scenic 경치가 좋은	trail 오솔길	habitat 서식지
	access to N ~에 접급하다	excess 제한 초과의

1 괄호 (가)의 우리말을 영작하려고 한다. 아래 제시된 두 문장을 우리말에 맞게 한 문장으로 다시 작성하시오.

ⓐ The land is home to a variety of species.

ⓑ The proposed Pine Hill walking trail would cut through the land.

_____

2 밑줄 친 ㉠ ~ ㉥ 중 어법 상 틀린 것을 두 곳 찾고, 해당 부분을 바르게 고치시오.

기호	틀린 표현		맞는 표현
_____ :	_____	→	_____
_____ :	_____	→	_____

3 밑줄 친 (나)의 문장을 제시된 문장으로 다시 쓸 때, 빈칸에 들어갈 표현을 넣으시오.(단, 제시된 철자로 시작하는 단어를 쓸 것)

Trails serve as a wonderful source for us to access the natural world and appreciate the wildlife within it,

= Trails a_____ us to h_____ a_____ t_____ the natural world and appreciate its wildlife,

4 다음은 본문의 내용을 바탕으로 세 사람이 나눈 대화이다. 본문과 일치하도록 아래 조건에 맞게 답하시오.

Person 1: Hey, have you heard about the proposed Pine Hill walking trail in Boulder?

Person 2: No, what's that about?

Person 1: Well, there's a plan to build a walking trail through the land ⓐ _____ a lot of species live. Tyler Stuart, who was born and raised in Boulder, is ⓑ a_____ it.

Person 3: Why is Tyler ⓑ a_____ it?

Person 1: He's saying that the animals need space to hide from human activity. He's worried that if we continue to build too many trails, the wildlife won't be able to use these areas anymore.

Person 2: I can see why he's concerned. It's important to protect ⓒ w_____ h_____.

●조건●

- 빈칸 ⓐ의 경우 한 단어의 관계부사를 채워 넣을 것.
- ⓑ의 두 빈칸에 들어갈 단어는 모두 a로 시작하는 총 7개의 철자로 구성된 단어임.
- ⓒ는 두 단어로 구성된 표현이며 각각 w와 h로 시작하는 단어이며, 본문에서 각각 찾아 문맥에 맞게 적을 것.

- ⓐ _____

- ⓑ a_____

- ⓒ w_____ h_____

☑ M·E·M·O

고등영어 서술형
실전편

MAGNUS

내신 서술형 실전 **02**회

01 주어진 문장의 괄호 안의 단어의 순서를 바르게 배열하여 문맥상 자연스러운 흐름이 되도록 만드시오.

1. It is advisable to (in / getting / to / of / start / the colleges / ready / enroll / one) that have already admitted you, in case (waitlist / the / added / you / been / have / not / to).

> ▶ 만약 여러분이 대기자 명단에 추가되지 못했다면, 여러분이 이미 입학을 허가 받은 대학들 중 하나에 등록할 준비를 시작하는 것을 권장한다.

2. The value of your education (school / the / of / prestige / outweighs / the).

> ▶ 여러분이 받는 교육의 가치가 학교의 명성보다 더 중요하다.

3. There is (as / punishment / capital / as / punishment / no / extreme).

> ▶ 사형 제도만큼 극단적인 형벌은 없다.

4. There are 21 countries (have / penalty / formally / the / that / retained / death), but (out / carried / have / never / it)

> ▶ 공식적으로 사형을 보유하고 있지만 그것을 결코 실시하지 않은 21개국이 있다.

5. It is important to remember that while (need / view / you / will / of / a / point), (your / shouldn't / reader's / guide / you / opinions).

> ▶ 당신의 관점이 필요하지만 독자의 의견을 안내해서는(좌지우지해서는) 안 된다는 점을 기억하는 것이 중요하다.

6. This will (make / to / committed / your arguments and insights / feel / them / just as) as you are.

> ▶ 이것은 그들이 당신만큼 당신의 주장과 통찰에 전념하고 있다고 느끼게 할 것이다.

7. Some students in my high school could study (without / distracted / noise / coffee / by / being / a / in / shop / the).

> ▶ 우리 고등학교 어떤 학생들은 소음에 방해받지 않고 커피숍에서 공부할 수 있습니다.

괄호 안에 제시된 단어를 반드시 사용하여 우리말을 영작하시오.
(단, 문제에 따라 추가단어와 어형변화 있을 수 있음.)

1. Although we recognize your disappointment, we (you / encourage / college / second-choice / to its fullest / use / potential / your).

▶ 우리는 귀하의 실망을 이해하지만, 우리는 당신이 두 번째로 선택한 대학을 최대한 활용하도록 권장하는 바입니다.

2. Seventy-six countries (also / have / completely / abolish / it).

▶ 76개국들은 완전히 그것을 없앴다.

3. Using this approach (the points and arguments / your readers / think / about / allow / for themselves) you present.

▶ 이 접근 방식을 사용하면 당신이 제시하는 요점과 주장에 대해 스스로 생각할 수 있다.

4. (will avoid / essay / passive / an interesting / thought-provoking / in the reader / and).

▶ 흥미롭고 생각을 자극하는 에세이는 독자의 수동성을 피한다.

5. Distractions (difficult / study / students / make / to / these / extremely / for) (their / but / bedrooms / in / anywhere / any).

▶ 산만함은 자신의 침실이 아닌 다른 곳에서 학생들이 공부하기가 매우 어렵게 한다.

6. Distractions are (your goals / in your way / obstacle / a / achieve / to / big).

▶ 산만함은 너의 목표 달성이라는 길(계획)에 큰 장애물이다.

7. Although distractions are (impossible / eliminate / to / entire), you can manage them (your / they / so that / performance / don't / hinder).

▶ 산만함을 완전히 제거하는 것은 불가능하지만, 당신은 그것들이 당신의 수행을 방해하지 않도록 관리할 수 있다.

[1] 다음을 읽고, 물음에 답하시오.

Many colleges like Harvard place students into three areas: acceptances, denials and the wait list. Oftentimes only a very small number of students (가) <u>from the wait list</u> are accepted. If you have not been placed on the wait list, we recommend that you prepare to attend one of the colleges (나) (당신이 이미 벌써 입학 수락을 받은). We understand your disappointment, but (다) (우리는 당신이 당신의 차선책 학교의 긍정적인 측면을 보시길 바라며, 그 곳에서 최대한 많은 것을 배우시기 바랍니다.). You'll find that (라) <u>what is more important than the name value of the school is what you get out of your education</u>.

+ NOTE

place A into B A를 B에 놓다	place A on the wait list	name value
acceptance 수락, 승인	A를 대기자 명단에 올리다	브랜드 네임(brand name)
denial 부인, 부정	disappointment 실망	

1 밑줄 친 (가)를 who로 시작하는 표현으로 작성하시오.(단, 각 빈칸엔 한 단어만 사용하고, 전치사 on을 활용하여 작성할 것)

from the wait list

= _____ _____ _____ _____ _____ _____

2 괄호 (나) 안의 우리말을 영작하려고 한다. 아래 조건에 맞게 영작하시오.

◆ 조건 ◆

• [전치사 + 관계대명사]의 형태를 사용할 것
• be + p.p 구문을 활용하고, 시제에 주의하여 표현할 것.
• 아래 제시된 단어를 사용하되 단어의 어형변화와 추가단어 있음.

you / to / accept / already

: _____

3 괄호 (다)의 우리말을 영작하려고 한다. 아래 조건에 맞게 영작하시오.

> ● 조건 ●
> • 등위접속사 and는 서술부을 병치하도록 할 것.
> • [encourage + 목적어 + to v]의 구문을 반드시 사용할 것.
> • "~을 최대한 이용하다/활용하다"의 표현인 make the most of를 사용할 것.
> • 아래 제시된 단어를 반드시 사용할 것.

there / look at / positive / eduction / aspects / second-choice

_____ _____ _____ _____ _____ _____ _____

_____ _____ _____ _____ and _____ _____ _____ _____

_____ _____ _____.

4 밑줄 친 (라)의 문장을 아래 조건부에 맞춰 재진술하시오.

> ● 조건 ●
> • It ~ that 강조 구문을 활용할 것.
> • 아래 제시된 단어만을 사용하여 빈칸을 채울 것.
> education / quality / the / you / of / receive / it / that / is
> • 각 빈칸에는 한 단어만 넣을 것.

What is more important than the name value of the school is what you get out of your education.

= _____ _____ _____ _____ _____ _____ _____ _____

_____ is more important than the name of the school.

[2] 다음을 읽고, 물음에 답하시오.

(가) (범죄자의 사형집행을 포함하는 사형은 가장 가혹한 종류의 형벌이다.) Today, capital punishment is still used in eighty-three countries, usually for severe crimes such as murder, rape, kidnapping and treason. Another seventy six countries have done away with it completely. (나) In others, capital punishment remains only officially in law books but is rarely used — fifteen countries have capital punishment, but only enforce it during war time, while twenty-one countries, despite officially retaining the death penalty, never enforce it.

+ NOTE

capital punishment 사형 제도	treason 반역죄	retain 보유[유지]하다
rape 강간	do away with 제거하다, 폐지하다	enforce 집행하다
kidnapping 유괴	remain 남아 있다	

1 괄호 (가)의 우리말을 제시된 두 문장을 활용하여 한 문장으로 표현하시오.(단, 반드시 계속적 용법의 관계대명사 which만을 사용할 것)

Capital punishment is the most extreme type of punishment.

Capital punishment involves the execution of the criminal.

_____

_____

2 아래 영영풀이에서 정의되는 단어를 본문에서 찾고, 해당 표현을 활용하여 제시된 우리말 표현에 해당하는 문장의 빈칸을 문맥에 맞게 채워 넣으시오.(단, 추가단어 있고 우리말 해석의 밑줄 친 동사 표현에 주의할 것)

영영풀이: to get rid of something or stop using something

제시문: These ridiculous rules and regulations _____ _____ _____ _____ _____ _____ years ago. (이런 말도 안 되는 규칙과 규제는 몇 년 전에 제거되었어야 했다)

3 본문의 (나)의 문장을 아래의 조건에 맞게 다시 작성하시오.

> ● 조건 ●
> • 문맥에 맞는 관계부사를 사용할 것.
> • 원문의 only officially in law books는 l로 시작하는 총 5개의 철자로 구성된 한 단어의 동의어로 바꾸어 표현할 것.
> • 원문의 use는 practice로 바꾸어 표현할 것.

There are other countries _____.

4 다음은 본문의 내용을 바탕으로 세 사람이 나눈 대화이다. 본문과 일치하도록 아래 조건에 맞게 각 빈칸에 들어갈 단어를 써 넣으시오.

> Person 1: Did you know that some countries still use capital punishment?
> Person 2: Really? I thought it was ⓐ b_____ everywhere.
> Person 1: No, actually eighty-three countries still use it for serious crimes like murder and treason.
> Person 3: But some countries have ⓑ a_____ it completely, right?
> Person 1: Yes, that's true. Seventy-six countries have done away with it altogether.
> Person 2: What about the remaining countries?
> Person 1: Well, fifteen countries still have it in their law books, but they only enforce it during wartime. And then there are twenty-one countries that have the death penalty on the books, but never actually enforce it.
> Person 3: It's interesting to see the variation in how countries use capital punishment.
> Person 2: Yeah, it's definitely a ⓒ c_____ topic.

> ● 조건 ●
> • ⓐ b로 시작하는 3개의 철자로 된 단어이며, 문맥에 맞게 변형하면 6개의 철자가 됨.
> • ⓑ a로 시작하는 7개의 철자로 된 단어이며, 문맥에 맞게 변형하면 9개의 철자가 됨.
> • ⓒ c로 시작하는 총 13개의 철자로 된 단어임.

• ⓐ b _____

• ⓑ a _____

• ⓒ c _____

[3] 다음을 읽고, 각 물음에 답하시오.

> (가) (당신이 글을 쓰려고 할 때는, 당신이 관점을 가져야 하는 한편, 당신이 독자에게 무엇을 생각할지 말하는 것을 피해야 한다고 상기시키는 것은 가치가 있다.) (나) <u>Try to hang a question mark over it all. This way you allow your readers to think for themselves about the points and arguments you're making.</u> As a result, they will feel more involved, finding themselves just as committed to the arguments you've made and the insights you've exposed as you are. You will have written an essay that not only avoids p_____ in the reader, but is interesting and _____ _____ _____ _____.

+ NOTE

hang a question mark over ~에 물음표를 달다(의심하다)	involved 몰두된 committed 몰입된	insight 통찰력

✓ 고난도

1 괄호 (가)의 우리말 문장을 아래 조건에 맞게 영작하시오.

● 조건 ●
- It is ~ that (부사절) S V 형태의 가주어 / 진주어 구문을 사용할 것.
- 아래 제시된 표현을 각각 한 번씩만 사용할 것.
  set about to v ~하는 것을 시작하다 / a point of view 관점 / worth v-ing ~하는 것이 가치 있는 / remind oneself that S V ~하는 것을 상기하다 / ought to ~해야 한다 / avoid v-ing ~하는 것을 피하다 / while ~하는 한편 / tell someone what to think ~에게 무슨 생각을 할지 말하다

_____

_____

2 밑줄 친 (나)와 같은 의미의 문장을 작성하려고 한다. 밑줄 친 This way의 의미에 유의해서 빈칸에 들어갈 단어를 채워 넣으시오.(단, 문맥에 맞는 적절한 관계대명사를 포함할 것)

Try to hang a question mark over it all. **This way** you allow your readers to think for themselves about the points and arguments you're making.

= Try to hang a question mark over it all, _____ _____ your readers to think for themselves about the points and arguments you're making.

3 위에서 작성한 글의 요지와 글 전반의 내용으로 볼 때 본문 빈칸에 들어갈 단어를 써 넣으시오.(단, 제시된 철자로 시작하는 총 9개의 철자로 구성된 단어임)

p _ _ _ _ _ _ _ _

4 글의 요지를 작성하려고 한다. 아래 빈칸에 들어가 표현을 아래 제시된 단어를 반드시 사용하여 빈칸을 채우시오.(단, 추가단어와 필요시 단어의 어형변화 할 것)

제시어
role / take / think / active

요지: Write in a way that encourages your readers _____ _____ _____

_____ _____ _____ _____ _____ the points and arguments

you're making.

5 글의 요지와 관련하여 문맥상 빈칸에 들어갈 표현을 영작하려고 한다. 아래 조건에 따라 영작하시오.

┌─────────────────────────────────────── ● 조건 ● ─┐
• get, people을 반드시 사용할 것.
• 추가단어 있고, 문맥에 따라 필요시 동사의 형태를 바꿀 것.
└──┘

_____

[4] 다음을 읽고, 물음에 답하시오.

When I was in high school, we had students who could study in the coffee shop and ㉠ not get distracted by the noise or everything ㉡ happening around them. (가) O_____ t_____ o_____ s_____ of t_____ s_____, We also had students who could not study if the library was not super quiet. The latter students suffered because even in the library, (나) it was impossible to get the type of complete silence they sought. These students were victims of distractions who found ㉢ them very difficult to study anywhere except in their private bedrooms. In today's world, it is impossible ㉣ to run away from distractions. Distractions are everywhere, but if you want to achieve your goals, you must learn how to tackle distractions. You cannot eliminate distractions, but you can learn to live with them ㉤ in a way that ensures they do not limit you.

✚ NOTE

latter 후자의	achieve 성취하다	eliminate 제거하다
suffer (고통·변화 따위를) 경험하다, 입다, 받다	tackle (일·문제 따위에) 달려들다, 달라 붙다	ensure 보장[보증]하다
victim 피해자		

1 본문에 언급된 두 종류의 학습자를 기술한 내용이다. 빈칸에 제시된 철자로 시작하는 단어를 각각 적으시오.

Type 1: Students w_____ h_____ n_____ p_____ w_____ c_____ on their study even with all kinds of distractions going on around them

Teyp 2: Students w_____ h_____ t_____ c_____ on their study with distractions present around them

2 본문의 요지를 작성하려고 한다. 빈칸을 채우시오.(단, 제시된 철자로 시작하는 단어를 쓸 것)

요지: You need to know how to d_____ w_____ the d_____ that interrupt your concentration.

3 밑줄 친 ㉠~㉤ 중 어법 상 어색한 것을 한 개 골라 바르게 고치시오.

🅐 _____

4 문맥 상 빈칸 (가)에 들어갈 연결사를 넣으려고 한다. 제시된 철자로 시작하는 단어의 표현을 빈칸에 채워 넣으시오.(단, spectrum을 반드시 사용할 것)

(가) O_____ t_____ o_____ s_____ of t_____ s_____

5 밑줄 친 (나)의 문장을 they found로 시작하는 가목적어/진목적어 문장으로 다시 쓰시오.

(나) it was impossible to get the type of complete silence they sought

= they found _____

6 아래 제시된 문장을 Distractions로 시작하는 가목적어/진목적어 문장으로 다시 작성할 때, 빈칸에 들어갈 단어를 써넣으시오.(단, 철자가 제시된 경우 해당 철자로 시작하는 단어를 쓸 것)

These students were victims of distractions who thought it very difficult to study anywhere except in their private bedrooms.

= Distractions made _____ very difficult for these students to study anywhere

o_____ t_____ their private bedrooms.

고등영어 서술형
실전편

내신 서술형 실전 **03**회

01 주어진 문장의 괄호 안의 단어의 순서를 바르게 배열하여 문맥상 자연 스러운 흐름이 되도록 만드시오.

1. It is national tragedies that cause (call / what / memories / "flashbulb" / psychologists), which are (stay / us / with / images / that / time / vivid / a / long / for).

▶ 심리학자들이 "플래시 벌브" 기억이라고 부르는 것, 즉 오 랫동안 우리와 함께 하는 생 생한 이미지를 유발하는 것 은 국가적 비극입니다.

2. (those / their most emotional / of the time / who / memories / recall) when they learned about the attacks are also (those / are / confident / in their memory / most / who).

▶ 공격에 대해 알게 된 당시, 가 장 감정적인 기억을 회상하는 사람들은 또한 기억력에 가장 자신 있는 사람들입니다.

3. When an artist (communicates / feelings / genuinely / their / of / satisfaction), we will also feel those emotions.

▶ 아티스트가 진정으로 만족감 을 전달할 때 우리도 그 감정을 느낄 것이다.

4. There is (differences / wide / people / a / of / range / among) in terms of (how / art / react / to / they / strongly) and (their / way / express / in / the / which / reaction / they).

▶ 사람들이 예술에 얼마나 강하 게 반응하는지와 그 반응을 표 현하는 방식에 있어서 사람들 사이에는 광범위한 차이가 있 습니다.

5. People exhibit (diverse / reactions / a / array / of / art / to), varying in their level of intensity and (in / response / they / manner / their / the / which / communicate).

▶ 사람들은 예술에 대한 다양한 반응을 보이며, 강도 수준과 반응을 전달하는 방식이 다릅 니다.

6. (the role / to / project manager / of / upon / promoted / being), individuals must shift from a technical specialist to a well-rounded, versatile leader.

▶ 프로젝트 관리자의 역할로 승 진함과 동시에, 개인은 기술 전문가에서 다재다능하고 다 재다능한 리더로 변모해야 합 니다.

7. (of / skill / knowledge / because / his / and / firm's), he (fight / was / locations / dispatched / fires / in / to / various) around the globe, including conflict zones.

▶ 그의 회사의 지식과 기술로 인 해, 그는 분쟁 지역을 포함하 여 전 세계 여러 위치에서 화재 를 진압하기 위해 파견되었습 니다.

02

괄호 안에 제시된 단어를 반드시 사용하여 우리말을 영작하시오.
(단, 문제에 따라 추가단어와 어형변화 있을 수 있음.)

1. The media extensively covers the general details of such disasters, (are / memories / people's / in / which / common / retain).

   ▶ 언론은 <u>일반적으로 사람들의 기억 속에 남아있는</u> 그러한 재난에 대한 일반적인 세부 사항을 광범위하게 다룹니다.

2. To avoid this consequence, the only solution is (of / depictions / such / the / display / restrain or inhibit).

   ▶ 이러한 결과를 피하기 위해, 유일한 해결책은 <u>그러한 묘사의 표시를 제한하거나 금지하는 것</u>입니다.

3. The influence of art is (as / immediate / or / clear-cut / not).

   ▶ 예술의 영향은 <u>명확하거나 즉각적이지 않습니다.</u>

4. (necessary / what / is) is (a cohesive / into / of / components / entity / the skill / a task / assemble / numerous).

   ▶ <u>필요한 것은 작업의 수많은 구성 요소를 응집력 있는 개체로 조립하는 기술</u>입니다.

5. Project managers (swimming / the frog / observe / other frogs / the surroundings / account / alongside / and take).

   ▶ 프로젝트 관리자는 <u>다른 개구리와 함께 수영하는 개구리를 관찰하고 주변 환경을 고려합니다.</u>

6. He left high school (provide for / in order to / assist / the family / in).

   ▶ 그는 <u>가족 부양을 돕기 위해</u> 고등학교를 그만 두었습니다.

7. Adair's story caught the attention of Hollywood, (John Wayne / a motion picture / result in / his life / about / in 1968 / feature / a / John).

   ▶ Adair의 이야기는 할리우드의 관심을 끌었고, <u>1968년 John Wayne이 등장하는 그의 삶에 대한 영화가 탄생했습니다.</u>

[1] 다음을 읽고, 물음에 답하시오.

National tragedies create what psychologists call "flashbulb" memories, named for the vivid images that we retain: where we were when we got the news, how we learned it, how we felt, what we did. (가) <u>These memories are thought to be (　　　　)</u> and it is true that the broad outlines of such catastrophes, thoroughly reported in the media, are well remembered, but (나) <u>your memory of your personal circumstances surrounding the events may not necessarily be precise.</u> There have been numerous studies of this phenomenon, including surveys of fifteen hundred Americans' memories of the September 11 attacks. In this study, the respondents' memories were surveyed a week after the attacks, again a year later, and then again three years and ten years later. (다) <u>Respondents' most emotional memories of their personal details at the time they learned of the attacks are also those of which they are most confident and, paradoxically, the ones that have most changed over the years relative to other memories about 9/11.</u>

✚ NOTE

tragedy 비극(적인 사건)	**precise** 정확한	**detail** 세부사항
flashbulb 섬광 전구	**numerous** 다수의, 수많은	**relative to** ~와 비교했을 때
outline 대요, 개요	**phenomenon** 현상	
catastrophe 참사, 큰 재해	**respondent** 응답자	

[1-2] 밑줄 친 (가)의 문장과 관련하여 아래 질문에 답하시오.

1　괄호 안에 들어갈 단어를 작성하려고 한다. 아래 조건에 맞게 쓰시오.

● 조건 **●**
- 아래 제시된 영영풀이의 빈칸에 들어가는 한 단어임.
- u로 시작하는 단어이고, 총 13개의 철자로 된 단어임.

An ＿＿＿＿＿＿＿＿ experience has such a strong effect or influence on you that you cannot forget it.

u _ _ _ _ _ _ _ _ _ _ _ _

2　밑줄 친 (가)를 It로 시작하는 문장으로 다시 작성하시오.

It ＿＿＿＿＿＿＿＿＿＿＿＿＿＿＿＿＿＿＿＿＿＿ .

3 밑줄 친 (나)와 같은 의미의 문장으로 다시 작성하려고 한다. 빈칸에 들어갈 알맞은 단어를 넣으시오. (단, 제시된 철자로 시작하는 단어를 써넣을 것)

= There is no g_____ that your memory of the circumstances surrounding the events is a_____.

= The circumstances surrounding the events may not be exactly a_____ you r_____ them.

4 본문의 밑줄 친 (다)의 내용을 바탕으로 요지문을 작성하려고 한다. 아래 조건에 맞게 박스 안의 단어만을 사용하여 요지문의 빈칸을 채우시오.

> ● 조건 ●
> • 필요시 문맥에 맞춰 단어의 형태를 바꿀 것.
> • 단어의 중복 없이 빈칸에 한 단어만 쓸 것.

confident	useful	measure
unique	meaningful	detail
symbolism	accurate	retain
compelling	subjective	occurrence

(A) _____ in one's memories of personal circumstances at the time one heard about national tragedies does not guarantee their (B) _____.

5 4번 문제와 연계해서 추론할 수 있는 내용을 작성하려고 한다. 아래 조건에 맞게 쓰시오.

> ● 조건 ●
> • 첫 철자와 마지막 철자는 각각 d와 n임.
> • 빈칸에 들어갈 단어의 철자는 총 10개임.
> • 해당 단어의 영영풀이는 다음과 같음.
>   : a change to the intended or true meaning of something

Emotional memories are subject to _____.

📝 d _ _ _ _ _ _ _ _ n

[2] 다음을 읽고, 물음에 답하시오.

Plato and Tolstoy both assume that it can be firmly established that certain works have certain effects. Plato is sure that (가) <u>the representation of cowardly people makes us cowardly</u>; (나) (이러한 영향을 막는 유일한 방법은 그러한 표현들을 억누르는 것이다). Tolstoy is confident that the artist who sincerely expresses feelings of pride will pass those feelings on to us; (다) (전염병을 피할 수 없듯이 우리는 특정 예술작품에 영향을 받는 것을 피할 수 없다). In fact, however, the effects of art are neither so certain nor so direct. People v_____ a great deal both in the intensity of their response to art and in the form which that response takes. (라) <u>Some people may indulge fantasies of violence by watching a film instead of working out those fantasies in real life. Others may be disgusted by even glamorous representations of violence. Still others may be left unmoved, neither attracted nor disgusted.</u>

+ NOTE

representation 표현, 묘사	no more ~ than ...가 아닌 것처럼	indulge 충족시키다, 채우다
cowardly 비겁한	~가 아니다	disgust 혐오감을 느끼게 하다
suppress 억누르다	vary 다양하다	glamorous 매력적인
	intensity 세기, 강도	unmoved 미동도 하지 않는

1 밑줄 친 (가)를 같은 의미의 두 문장으로 재진술하려고 한다. 빈칸에 들어갈 단어를 문맥에 맞게 써넣으시오. (단, 제시된 단어로 시작하는 단어를 쓸 것)

(가) the representation of cowardly people makes us cowardly.

= P_____ cowardly people makes us cowardly.

= We become cowardly when cowardly people a_____ r_____ to us.

2 괄호 (나)의 우리말을 영작하려고 한다. 아래 제시된 단어를 한 번씩만 사용하여 영작하시오.(단, 추가 단어 있음)

제시어
prevent / way / representations / effect / suppress / such / only

_____

_____

3 (다)의 우리말을 아래 조건에 맞게 영작하시오.

●조건●

• no more ~ than 구문을 활용할 것.

• 아래 제시된 단어만을 사용할 것.

• 추가단어와 어형변화 없음.

제시어 than / could / disease / we / affected / more / art / certain / an / can / of / escape / escape / we / no / infectious / being / works / by

답 _____

_____

4 밑줄 친 (라)의 내용으로 보아 본문 빈칸에 들어갈 단어를 써넣으시오.(단, 제시된 철자로 시작하는 단어를 쓸 것)

답 v_____

5 본문의 요지를 작성하려고 한다. 아래 조건에 맞게 박스 안의 단어를 반드시 사용하여 빈칸을 채우시오.

●조건●

• 단어는 중복되어 사용하지 않고, 각 빈칸에 한 단어만 쓸 것.

• 빈칸에 (A)와 (B)에 아래에 제시된 단어를 반드시 사용하되, 문맥에 맞게 변형할 것.

(A) impact / unavoidable (B) different

• 추가단어 있음.

Although Plato and Tolstoy claim that works of art (A) _____ _____ _____ _____ _____ people's feelings, the degrees and forms of people's actual responses (B) _____ greatly.

[3] 다음을 읽고, 물음에 답하시오.

There are two types of managers in business organizations: functional managers and project managers. Both types of managers have different roles and qualities. Functional managers head one of a firm's departments such as marketing or engineering, and they are specialists in the area they manage. They are skilled at breaking the components of a system into smaller elements, knowing something of the details of each operation (가) _____ _____ they are responsible. On the other hand, project managers begin their career as specialists in some field. When promoted to the position of project manager, they must transform from technical caterpillar to generalist butterfly. They oversee many functional areas, each with its own specialists. Therefore, what is required is (나) (일관성 있는 전체를 만들기 위해 어떤 여러 조각의 일을 결합할 수 있는 능력). Thus, to understand a frog, for example, functional managers cut it open to examine it, but project managers watch it swim with other frogs and consider the environment.

+ NOTE

quality 자질	operation 작업	technical 전문적인
department 부서	career 직장생활	caterpillar 애벌레
component 구성요소	promote 승진시키다	generalist 다방면에 걸쳐 많이 아는 사람
skilled at ~에 능숙한	transform 바뀌다, 변하다	oversee 감독하다

1 관계대명사를 반드시 사용하여 빈칸 (가)를 채우시오.

답 _____ _____

2 괄호 (나) 안의 우리말을 영작하려고 한다. 아래 제시된 단어만 사용하여 바르게 배열하시오.

제시어
pieces / of / put / form / an ability / to / a coherent whole / a task / many / to / together

본문의 요지문을 작성하려고 한다. 아래 조건에 맞게 박스 안의 단어를 사용하여 요지문의 빈칸을 채우시오.

modify	approve	combine
analyze	assemble	deflect
disturb	form	forbid
neglect	divide	tangle

● 조건 ●
• 단어는 중복되어 사용하지 않고, 각 빈칸에 한 단어만 쓸 것.
• 필요시 빈칸에 들어갈 표현을 어법에 맞게 제시된 단어의 어형을 변형할 것.

In business organizations, compared with the functional managers who generally (A) _____ what (B) _____ a system, project managers focus on (C) _____ all of its elements.

[4] 다음을 읽고, 물음에 답하시오.

Adair Paul Neal was usually called "Red Adair." The nickname "Red" was a natural nickname (가) <u>because of his red hair</u>, and it became his trademark. Born in Houston, Texas in 1915, he grew up in poverty. (나) (그는 가족을 부양하는데 도움을 주고자 고등학교를 그만두었다.). Adair held various jobs including seven years of work in the oil fields before he went into the army. After the war, Adair went to work for a company fighting oil well fires. Fearless, he became famous. He was called out to fires all over the world, including war zones, because of his company's experience and expertise. (다) (Hollywood는 1968년 John Wayne이 주연을 맡은 Adair의 삶을 바탕으로 한 영화를 만들었다.) Adair was seventy-nine years old when he finally retired from firefighting in 1994.

+ NOTE

natural 자연스러운, 당연한, 지당한	fire 화재
trademark 사람[사물]을 상징하는 특징[특성, 습성]	fearless 두려움을 모르는, 대담 무쌍한
oil field 유전	be called out 호출되다, 출장 서비스에 불리다
go into the army 군대에 입대하다	expertise 전문지식
old well 유정	retire from ~에서 은퇴하다

1   아래는 본문의 내용을 요약정리한 것이다. 조건에 맞게 각 빈칸에 들어갈 표현을 채워 넣으시오.

Adair Paul Neal had a nickname (A) a_____ w_____ hair color. He dropped out of high school due to family circumstances. Before enlisting in the military, he worked in the oil fields. After the war, Adair worked as an oil well (B) f_____. His (C) _____ made him famous. Because of his company's expertise and experience, he has responded to fires around the world, including in war zones. Adair's life (D) i_____ Hollywood, which starred John Wayne in a 1968 film about his life. In 1994, Adair retired from firefighting at the age of 79.

● 조건 ●

• (A) "~와 연계된"의 의미를 가진 표현으로, 제시된 철자로 시작되는 단어를 어법에 맞게 각각 빈칸에 쓸 것.
• (B) 본문에 나온 특정 단어의 어형을 변형시켜 제시된 철자로 된 단어를 쓸 것.
• (C) 본문의 나온 단어를 문맥에 맞게 변형시켜 채워 넣을 것.
• (D) 제시 된 철자로 시작하는 "영감을 주다"의 단어를 문맥에 맞게 쓸 것.

(A) a_____ w_____   (B) f_____

(C) _____   (D) i_____

2 밑줄 친 (가)의 표현을 구(phrase)에서 절(clause)로 바꾸려고 한다. 아래의 정의를 참고하고, 조건부에 맞춰 작성하시오.

┤ 구와 절의 정의 ├

- 구(phrase): 주어와 동사를 포함하지 않는, 2개 이상의 단어가 모여 하나의 품사 역할을 함.
- 절(clause): 2개 이상의 단어가 하나의 품사 역할을 하는데, "주어와 동사"가 포함되어 있음.

● 조건 ●

- S V C의 형태를 반드시 포함하고, 문맥에 맞는 동사의 표현에 주의 할 것.
- 제시된 각 빈칸에 한 단어만 넣을 것.

_____ _____ _____ _____ _____

3 괄호 (나)의 우리말과 같은 의미의 문장을 영작하려고 한다. 아래 조건에 맞게 빈칸을 채우시오.

● 조건 ●

- 빈칸 ㉠의 경우 drop을 반드시 사용하되, 세 단어로 구성된 표현임.
- 빈칸 ㉡의 경우 두 단어로 구성된 단어이되, help를 반드시 사용할 것.
- 동사의 시제에 주의할 것.

He ㉠ _____ high school to ㉡ _____ the family

4 괄호 (다)의 우리말과 같은 의미의 문장을 영작하려고 한다. 아래 조건에 맞게 영작하시오.

● 조건 ●

- "A를 B에 기초하다, 기반하다"의 base A on B를 활용할 것.
- 아래 제시된 단어를 한 번씩만 사용하고, 동사의 시제에 주의할 것.

a / John Wayne / by / 1968 / Hollywood / starred / Adair's life / feature film / in

_____

_____

고등영어 서술형
실전편

내신 서술형 실전 04회

01 주어진 문장의 괄호 안의 단어의 순서를 바르게 배열하여 문맥상 자연스러운 흐름이 되도록 만드시오.

1. He (access / always / denies / his computer / to / me) when I need it for my academic assignments.

▶ 그는 내가 학업 과제를 위해 필요할 때, <u>그의 컴퓨터에 대한 액세스를 항상 거부합니다.</u>

2. (focus / of / the reader's / level / regardless of), the inverted pyramid technique (the / they / of / optimizes / information / receive / amount).

▶ 독자의 초점 수준에 관계없이, 역피라미드 기법은 수신하는 정보의 양을 최적화합니다.

3. In the scenario (a climactic revelation / like / where / were / structured / with / suspenseful / tales / at the conclusion / news articles), (before / stopped / readers / reading / end / who / the) would fail to comprehend the purpose.

▶ 뉴스 기사가 결말에 클라이막스 폭로가 있는 서스펜스 있는 이야기처럼 구성되는 시나리오에서, 끝까지 읽기를 중단한 독자들은 그 목적을 이해하지 못할 것이다.

4. (having / picture / wait / to) until the final sentence of a story (discover / events / outcome / to / the / major / of) like the presidential election or the Super Bowl.

▶ 대통령 선거나 슈퍼볼과 같은 주요 사건의 결과를 알기 위해 이야기의 마지막 문장까지 <u>기다려야 하는 모습을 상상해 보</u>십시오.

5. With the addition of yellow paint, (a / is / a commonplace manhole cover / transformed / pineapple / into).

▶ 평범한 맨홀 뚜껑에 노란색 페인트를 더하면, <u>파인애플로 변신한다.</u>

6. (truly / all the problems / customers / with / a marketing company / encountered / that) were abruptly revealed.

▶ <u>고객이 실제로 마케팅 회사에서 겪었던 모든 문제가</u> 갑자기 드러났습니다.

7. Equally significant, the internet provided (for / experiences / and / other customers / values / products / customers / to conveniently / with / a platform / compare).
(단, [N1, N2, and N3]의 병렬구조를 활용할 것)

▶ 마찬가지로, 인터넷이 <u>고객이 제품, 경험 및 가치를 다른 고객과 편리하게 비교할 수 있는 플랫폼을</u> 제공했다는 것입니다.

괄호 안에 제시된 단어를 반드시 사용하여 우리말을 영작하시오.
(단, 문제에 따라 추가단어와 어형변화 있을 수 있음.)

1. I am (with / my brother / how / deal / about / uncertain).

▶ 나는 동생을 어떻게 대해야 할지 모르겠다.

2. He will have to (to / the computer / use / they / him / you / let / if / tell).

▶ 만약 그들이 그에게 그렇게 하도록 말하면 그는 당신이 컴퓨터를 사용하게 해야 할 것입니다.

3. Journalists (commence / the most / their stories / details / instruct / with / critical / are).

▶ 언론인은 가장 중요한 세부 사항으로 기사를 시작하도록 지시받습니다.

4. It (use / occur / to anyone / have / railway tracks / would / not) as a musical score.

▶ 선로를 악보로 사용한다는 생각은 누구에게도 일어나지 않았을 것입니다.

5. A green creature (the street / gathering / and / leaves / it / beneath / raising / appear / to be / fall).

▶ 녹색 생물이 거리를 들어 올리고 그 아래에 낙엽을 모으는 것처럼 보입니다.

6. The road (an astounding / come / tale / and / alive / narrate), revitalizing individuals (hectic / who / in / lives / lead / setting / dreary, metropolitan).

▶ 길이 활기를 띄었고, 칙칙하고 도시적인 환경에서 바쁜 삶을 살아가는 개인에게 활력을 불어넣는 놀라운 이야기를 말해 줍니다.

7. (no more / of / operational frameworks / regulate / there / or even / were / modes / communication).

▶ 더 이상 규제된 통신 방식이나 심지어 운영 체제가 없었습니다.

[1] 다음을 읽고, 물음에 답하시오.

Sara, Linda, and Judy were sitting and talking at Judy's house one Saturday night. The three girls went to the same school together and ㉠ _____(be) best friends for a long time. So, they ㉡ _____(rely) each other for help and advice with their problems. (A) "I don't know what to do with my brother," Sara said. "He never lets me use his computer for my school projects. (나) _____?" "Well, have you tried talking to him about it?" asked Judy. "He just ignores me," Sara replied. "I think you'll have to talk to your parents about it," Linda suggested. "He'll have to let you use it if they tell him to." "Oh, I see. By the way, I ㉢ _____(get/trouble) again today for falling asleep in math," Sara said.

+ NOTE

ignore 무시하다	fall asleep 잠들다

1 ㉠ ~ ㉢의 각 빈칸 옆에 제시된 괄호 안의 단어를 한 번씩만 사용하여 글의 흐름에 맞게 알맞은 표현을 채워 넣으시오.(단, 모든 빈칸에 추가단어 있음)

㉠ _____

㉡ _____

㉢ _____

2 밑줄 친 (A)의 문맥적 의미를 진술하려고 한다. 아래 빈칸에 들어갈 단어를 채워 넣으시오.

(A) I don't know what to do with my brother.

= I don't know ㉠ _____ to get my brother ㉡ _____ stop ㉢_____ his computer.

* hog 혼자 독차지하다

3 글의 흐름에 맞게 빈칸 (나)에 들어갈 의문문을 작성하려고 한다. 아래 제시된 두 표현을 이용하여 한 문장으로 작성하시오.

Do you think

What should I do

⇒ _____

4 다음은 본문의 내용을 대화로 꾸민 것이다. 대화를 읽고, 물음에 답하시오.

Sara: Hey guys, I'm having a problem with my brother. ⓐ (allows / my / never / school / me / use / projects / to / his / computer / for / he). I don't know what to do with my brother.

Judy: Have you tried talking to him about it?

Sara: Yeah, but he just ⓑ d_____ me.

Linda: I think you should talk to your parents about it. He'll have to let you use it if they tell him to.

Sara: Oh, I see. Thanks for the suggestion, Linda. By the way, I got into trouble again today for falling asleep in math.

Judy: Again? ⓒ (need / to / class / you / paying / in / more / attention / start), Sara. You don't want to fall behind.

Sara: I know, I know. I'll try to do better.

질문: 아래 조건에 맞게 답을 작성하시오.

ⓐ 본문과 일치하는 자연스러운 대화가 되도록 괄호 안의 단어를 배열하여 문맥에 맞는 문장을 완성할 것.

ⓑ 빈칸에 들어갈 단어를 쓰시오. 단, d로 시작하는 총 9자로 된 단어이고, 어법에 맞게 작성할 것.

ⓒ Judy가 Sara에게 할 수 있는 적절한 조언이 되도록, 괄호 안의 단어를 배열하여 문맥에 맞는 문장을 완성할 것.

ⓐ: _____

ⓑ: _____

ⓒ: _____

[2] 본문을 읽고, 물음에 답하시오.

(가) <u>News reporters are taught to start their stories with the most important information. The first sentence, called the lead, contains the most essential elements of the story. A good lead can convey a lot of information.</u> After the lead, information is presented in decreasing order of importance. Journalists call this the "inverted pyramid" structure — the most important information (the widest part of the pyramid) is at the top. The inverted pyramid is great for readers. No matter what the reader's attention span — whether she reads only the lead or the entire story — the inverted pyramid m_____ the information she gets. Think of the alternative: (나) (만약 뉴스 이야기들이 마지막에 극적인 결말과 함께 미스터리처럼 쓰인다면, 이야기 중반부에서 중단한 독자들은 요점을 놓칠 것이다.). Imagine waiting until the last sentence of a story to find out who won the presidential election or the Super Bowl.

* payoff (뜻밖의) 결말; (사건 등의) 클라이맥스; 결정적 사실 〔요소〕

＋ NOTE

lead (신문 기사의) 첫머리	decreasing 줄어드는	alternative 대안, 달리 택할 길, 다른 방도
contain 포함하다	inverted 거꾸로 된	find out 알아내다
convey 전달하다	attention span 주의력 기간	

1 밑줄 친 (가)와 the inverted pyramid에 대한 본문의 설명을 바탕으로 빈칸에 들어갈 단어를 써넣으시오. (단, 제시된 철자로 시작하는 단어를 쓰되 문맥에 맞게 쓸 것)

🔖 답 m_____

2 괄호 (나)의 우리말을 영작하려고 한다. 아래 조건에 맞게 영작하시오.

● 조건 ●
• If로 시작하는 가정법 문장으로 작성할 것.
• 괄호 ㉠과 ㉡에 제시된 단어를 사용하여 영작하되, 추가단어 있고, 필요시 어형 변화할 것.
• 각 빈칸에 한 단어만 사용할 것.

㉠ (news stories / dramatic / write / like / at the end / payoff / with / if / a / mysteries), ㉡ (in / mid-story / point / who / would / break off / readers / the / miss)

_____ _____ _____ _____ _____ _____ _____ _____

_____ _____ _____ _____ _____ _____ _____ , _____

_____ _____ _____ _____ _____ _____ _____ _____ .

3 아래는 본문의 요약한 내용과 도식이다. 아래 박스 안에 제시된 단어 중 빈칸에 적절한 단어를 순서대로 넣으시오.(단, 필요시 문맥에 맞게 단어를 변형할 것)

제시어

alternative, taper, head, substantial, triangle, trivial, enlarge, repetitive

The inverted or upside-down pyramid can be thought of as a _____ pointing down. The widest part at the top represents the most _____, interesting, and important information that the writer means to convey, illustrating that this kind of material should _____ the article, while the _____ lower portion illustrates that other material should follow in order of diminishing importance.

[3] 다음을 읽고, 물음에 답하시오.

For many street artists, the city ㉠ (그들이 살고 있는) is the canvas for their artwork. Though their work is not considered mainstream, their ideas are bright and innovative. A manhole cover, ㉡ (우리가 어느 거리에서나 볼 수 있는), changes into a pineapple with some yellow paint. **(가) No one would have thought of using train tracks as a music sheet**. **(나)** (녹색 괴물은 마치 길을 들어 올리고 그 아래에 있는 낙엽을 긁어모으는 것처럼 보인다.). The street comes alive and tells us an astonishing story, energizing ㉢ (바쁜 삶을 살아가는 사람들에게) in bleak, urban environments.

+ NOTE

canvas 캔버스, 화포	come alive 생기 있게 되다	bleak 황폐한, 쓸쓸한
mainstream 주류의	astonishing 놀랄 만한, 놀라운	
manhole cover 맨홀 뚜껑 모양의 것	energizing 활기를 띠게 하는	

1 괄호 ㉠ ~ ㉢의 우리말을 각각 영작하려고 한다. 아래 조건에 맞게 쓰시오.

● 조건 ●
- ㉠ 관계부사를 반드시 사용할 것.
- ㉡ 관계대명사를 반드시 사용하고, see, on의 단어를 활용할 것.
- ㉢ 관계대명사를 반드시 사용하고, 우리말의 "(~의 삶을) 영위하다"의 표현인 lead를 활용할 것.
- 각 빈칸에 한 단어만 사용할 것.

㉠ ＿＿＿＿ ＿＿＿＿ ＿＿＿＿

㉡ ＿＿＿＿ ＿＿＿＿ ＿＿＿＿ ＿＿＿＿ ＿＿＿＿ ＿＿＿＿ ＿＿＿＿

㉢ ＿＿＿＿ ＿＿＿＿ ＿＿＿＿ ＿＿＿＿ ＿＿＿＿ ＿＿＿＿

2 본문의 밑줄 친 문장 (가)를 <u>수사의문문의 형식</u>으로 어법에 맞게 바꿔 쓰시오.

답 ＿＿＿＿＿＿＿＿＿＿＿＿＿＿＿＿＿＿＿＿＿＿＿＿＿＿＿＿＿＿＿＿＿＿ ?

3 아래 조건에 맞게 괄호 (나)의 우리말을 영작하시오.

● 조건 ●

- as if의 가정법의 문장으로 작성할 것.
- 아래 제시된 단어만을 사용하되 동사는 문맥에 맞게 변형할 것.
- 각 빈칸에 한 단어만 넣을 것.

be / as / road / fallen / a / it / look / lifting / and / monster / under / green / raking / if / the / leaves / it

_____ _____ _____ _____ _____ _____ _____

_____ _____ _____ _____ _____ _____ _____

_____

4 다음은 본문의 내용을 요약정리한 것이다. 제시된 조건에 따라 빈칸을 채우시오.

Street artists use ⓐ _____ _____ as a canvas for their innovative and creative ideas, transforming ⓑ o_____ objects and spaces into unique and vibrant works of art that enliven the urban environment and inspire the people who live there.

● 조건 ●

- ⓐ의 경우 본문에 언급된 표현임.
- ⓑ의 경우 o로 시작하고 총 8개의 철자로 된 단어임.

ⓐ _____ _____

ⓑ o_____

[4] 다음을 읽고, 물음에 답하시오.

(가) <u>With the Internet</u>, everything changed. Product problems, overpromises, the lack of customer support, differential pricing — all of the issues that customers actually experienced from a marketing organization suddenly (나) <u>popped out of the box</u>. (다) <u>No longer were there any controlled communications or even business systems</u>. Consumers could generally learn through the Web (라) (그들이 알고 싶어 하는 것은 무엇이든) about a company, its products, its competitors, its distribution systems, and, most of all, its truthfulness when talking about its products and services. Just as important, the Internet opened up a forum for customers to compare products, experiences, and values with other customers easily and quickly. Now the customer had a way to talk back to the marketer and to do so through public forums instantly.

+ NOTE

overpromise 과잉약속	competitor 경쟁사	talk back to ~에게 말대꾸하다,
differential pricing 가격 차등	distribution system 유통제도	대응하다
controlled 통제된	open up a forum 장(場)을 열었다	

1 밑줄 친 (가)를 "~의 도래로 인해"의 표현으로 바꾸어 쓸 때 아래 빈칸을 채우시오.(단, 제시된 철자로 시작하는 총 6개의 철자로 된 단어를 쓸 것)

(가) With the Internet,

= With the a＿＿＿＿＿＿ of the internet

2 밑줄 친 (나)의 문맥적 의미를 영작하려고 한다. 아래 조건에 맞게 빈칸을 채우시오.

● 조건 ●

• 아래 제시어를 반드시 사용할 것.

　제시어　 keep, secret

• 추가단어 있고, 필요 시 문맥에 맞게 단어를 변형할 것.

(나) popped out of the box

= could ＿＿＿＿＿ ＿＿＿＿＿ ＿＿＿＿＿ ＿＿＿＿＿ anymore

3 밑줄 친 (다)의 문장을 바꾸어 쓰려고 한다. 빈칸을 채우시오.

No longer were there any controlled communications or even business systems.

= ＿＿＿＿＿ communications ＿＿＿＿＿ even business systems were controlled anymore.

4 괄호 (라)의 우리말을 영작하려고 한다. 아래 빈칸에 들어갈 표현을 넣으시오.

그들이 알고 싶어 하는 것은 무엇이든

= _____ they _____ _____ _____

= _____ _____ they _____ _____ _____

5 본문의 주제를 작성하려고 한다. 아래 제시된 단어를 한 번씩만 사용하여 영작하시오.

> 제시어
> on / of / customer / the / relations and marketing / impact / Internet / The

주제: _____

6 본문의 요지를 작성하려고 한다. 괄호 ⓐ와 ⓑ 안의 제시된 단어를 바르게 배열하여 요지를 완성하시오.

> 제시어
> The internet revolutionized marketing by ⓐ (access / customers / to / about / products / allowing / easily / and / information / companies) and ⓑ (platform / providing / them / opinions / a / share / to / for / experiences / and).

ⓐ : _____

ⓑ : _____

MAGNUS
서술형 시리즈

고등영어 서술형
실전편

MAGNUS

05회

WARM UP

01 주어진 문장의 괄호 안의 단어의 순서를 바르게 배열하여 문맥상 자연스러운 흐름이 되도록 만드시오.

1. Your level of involvement in his work is (would / significant / removing / pose / to him / you / a significant challenge / that / so), or at the very least, it would (him / valuable time / spend / take / your place / to / training / require / someone else / to).

> 그의 업무에 대한 당신의 관여 수준이 너무 커서 당신을 제거하는 것이 그에게 상당한 도전이 되거나, 최소한 그것이 그에게 당신의 자리를 대신할 다른 사람을 교육하는 데 귀중한 시간을 요구할 것입니다.

2. (relationship / such / once / formed / is / a), you (have / you / the master / the advantage / of being able / what / want / to do / to influence).

> 일단 그런 관계가 형성되면, 당신이 원하는 것을 하도록 주인에게 영향을 줄 수 있다는 이점이 있습니다.

3. Now imagine (what / happened / have / would) (you / sent / an / email / if / had) to your friend that simply stated, "I am angry with you."

> 이제 친구에게 단순히 "나는 당신에게 화가 났습니다."라는 이메일을 보냈다면, 어떤 일이 벌어졌을지 상상해 보십시오.

4. When someone (responds / a strained voice / to / a question / about their work habits / or / with / a pause), it may suggest that their answer is (complex / more / initially / they / provided / have / what / than).

> 누군가가 자신의 작업 습관에 대한 질문에 잠시 말을 멈추거나 긴장된 목소리로 대답하면, 처음에 제공한 것보다 대답이 더 복잡하다는 것을 암시할 수 있습니다.

5. In nations (a status / women / in their society / to / of / that / where / men / equal / hold), such as Sweden, there was almost no disparity in mathematical aptitude between genders.

> 스웨덴과 같이 여성이 사회에서 남성과 동등한 지위를 갖는 국가에서는, 성별에 따른 수학적 적성의 차이가 거의 없었다.

6. Each couple (did / any significant / not / similarities / or / differences / display) in their personalities.

> 각 부부는 성격상 유의미한 유사점이나 차이점을 보이지 않았다.

7. (be / you / to / organized / have / desire / a / if), it's possible that you may perceive your partner (being / organized / they / actually / are / than / as / more).

> 정리하려는 욕구가 있다면, 파트너가 실제보다 더 정리된 것으로 인식할 수 있습니다.

02 괄호 안에 제시된 단어를 반드시 사용하여 우리말을 영작하시오.
(단, 문제에 따라 추가단어와 어형변화 있을 수 있음.)

1. (others / great / lie in / the / power / influence / the ability) to (your / comply / desires).

▶ 가장 큰 힘은 다른 사람들이 당신의 욕망에 따르도록 영향력을 행사하는 능력에 있습니다.

2. (the / position / attain / effective / way / this / to) is by establishing a dependent relationship.

▶ 이 지위를 얻기 위한 가장 효과적인 방법은 의존적인 관계를 맺는 것이다.

3. Afterwards, you can inquire with your friends (you / upset / were / believed / if / they / genuine / that).

▶ 그런 다음 친구들에게 당신이 진심으로 화가 났다고 생각하는지 물어볼 수 있습니다.

4. Our voice is (even the slightest / instrument / express / variations and subtleties / incredible / nuanced / can / that).

▶ 우리의 목소리는 아주 작은 변화와 미묘함도 표현할 수 있는 믿을 수 없을 정도로 미묘한 차이가 있는 악기입니다.

5. (difference / the / aptitude / between / genders / in / mathematical) (influence / more heavily / may be / by / in which / the societal context / we live) rather than biological distinctions between males and females.

▶ 성별에 따른 수학적 적성의 차이는 남성과 여성의 생물학적 구분보다는 우리가 살고 있는 사회적 맥락의 영향을 더 크게 받을 수 있다.

6. As it happens, (neither / hypotheses / the / accurate / are).

▶ 공교롭게도, 두 가설 모두 정확하지 않습니다.

7. (connection / a / be / found) (of / an individual's / between / ideal self-image / their perception / and / their partner).

▶ 개인의 이상적인 자아상과 파트너에 대한 인식 사이의 연관성이 발견되었습니다.

[1] 다음을 읽고, 물음에 답하시오.

The ultimate power is the power to get people to do as you wish. (가) <u>When you can do this without having to force people or hurting them,</u> (나) (grant / willingly / they / what / when / desire / you / you), then your power is untouchable. The best way to achieve this position is to create a relationship of ㉠ _____. The master requires your services; he is weak, or unable to function without you; you have involved yourself in his work so deeply that ㉡ _____ you would bring him great difficulty, or at least would mean valuable time lost in training another to replace you. Once such a relationship is established, you ㉢ _____ _____ _____ _____ _____ _____ _____ _____ _____ as you wish. <u>It is the classic case of the servant of the king who actually controls the king.</u>

+ NOTE

ultimate 궁극의	involve 연좌[연루, 관련]시키다(in)	untouchable 견줄 자 없는,
grant 주다, 부여하다	classic 전형적인(typical), 고전적인	제어할 수 없는

1 밑줄 친 (가)에 이어 의미상으로 같은 내용을 전달하는 문장을 작성하려고 한다. 괄호 (나)에 제시된 단어만을 사용하여 문맥의 흐름에 맞게 바르게 영작하시오.(단, grant를 4형식 동사로 활용할 것)

_____

_____

2 아래 조건을 읽고, 글 전체의 흐름에 맞게 본문의 빈칸 ㉠, ㉡에 들어갈 표현을 써넣으시오.

● 조건 ●
- ㉠의 경우 d로 시작하는 열 개의 철자로 된 단어임.
- ㉡의 경우 제시된 철자로 시작하는 "~을 제거하다"는 세 단어의 표현임.
- 문법에 맞게 작성할 것.

㉠ d _ _ _ _ _ _ _ _ _

㉡ d_____ a_____ w_____

3 글 전체의 내용과 함께 밑줄 친 문장의 내용을 참고하여, 빈칸 ⓒ에 들어갈 표현을 아래 조건에 맞게 영작하시오.

● 조건 ●
- 각 빈칸에 한 단어만 넣을 것.
- 아래 박스 안에 제시된 단어를 그대로 사용할 것.
- 추가단어 없음.

make / master / do / to / the upper hand / the / have

Once such a relationship is established, you ＿＿＿＿＿ ＿＿＿＿＿ ＿＿＿＿＿ ＿＿＿＿＿ ＿＿＿＿＿ ＿＿＿＿＿ ＿＿＿＿＿ ＿＿＿＿＿ ＿＿＿＿＿ as you wish.

4 본문의 주제를 작성하려고 한다. 박스 안의 단어에서 적절한 표현을 찾아 빈칸 ⓐ, ⓑ, ⓒ에 넣어 주제를 완성하시오.

dependence / what / service / ultimate / power / how / function

주제: The concept of ⓐ ＿＿＿＿＿ ＿＿＿＿＿ and ⓑ ＿＿＿＿＿ it is achieved through creating a relationship of ⓒ ＿＿＿＿＿.

[2] 다음을 읽고, 물음에 답하시오.

Try an interesting experiment. Call a friend and say, "I'm mad at you" ㉠ in a tone that conveys that you aren't — the tone you would use if the next sentence were something like, "You didn't tell me about your promotion." Then ask your friend ㉡ that she thought you were truly angry. The answer will probably be no. Now imagine ㉢ what would have happened ㉣ if you sent that friend an email that read, "I'm mad at you." (가) Our voice is a very subtle instrument and can convey every shade and nuance. An executive recruiter said she ㉤ never uses email to check references. When she's on the phone, a pause or a strained voice in response to a question about work habits can hint at a more complicated answer than the one she's been given.

╋ NOTE

tone 어조, 말씨	convey 전달하다	reference 추천서
promotion 승진	shade 그늘, 색조, 미묘한 차이	strained 긴장한, 긴장된
subtle 미묘한	nuance 미묘한 차이, 뉘앙스	complicated 복잡한, 알기 어려운
instrument 도구	recruiter 채용 담당자	

1 밑줄 친 ㉠ ~ ㉤ 중 어법 상 어색한 것을 <u>두 개</u> 찾아 아래 양식에 맞게 해당 표현을 바르게 고치시오.

기호	틀린 표현		바른 표현
_____ :	_____	→	_____
_____ :	_____	→	_____

2 글의 주제를 작성하려고 한다. 아래 조건에 맞게 박스 안의 단어를 사용하여 빈칸을 채우시오.

● 조건 ●
• 박스 안의 제시된 단어를 사용하되, 필요 시 어형변화 할 것.
• 각 빈칸에 한 단어만 사용할 것.

instrument / subtle / feeling / voice / personality / interpret / emotion / communicate

주제: _____ as a _____ instrument in _____

3 밑줄 친 (가)의 문장을 관계대명사를 이용한 문장으로 전환하려고 한다. 빈칸을 채우시오.

= Our voice is a very subtle instrument _____ can convey every shade and nuance.

= Our voice is a very subtle instrument _____ _____ we can convey every shade and nuance.

[3] 다음을 읽고, 물음에 답하시오.

Boys are better than girls at math. Or (가) <u>so we all thought</u>. Whether there is a real gender difference in math ability and if so, why, has long been debated. In fact, (나) (수학 능력의 성별 격차는 성별 간의 생물학적 차이보다 우리가 살고 있는 사회와 더 관련이 있을 수 있습니다.), a new study suggests. Recently, researchers looked at the results of math tests taken by more than 275,000 15-year-old students across 40 different countries. ㉠ (여성이 사회적으로 남성과 동등한 지위를 가지고 있는 국가에서는), such as Sweden, there was virtually no gender gap in math ability. However, ㉡ (성 평등 수준이 낮은 국가에서는), such as Turkey, the boys performed better in math tests than the girls.

+ NOTE

virtually 실질적으로	gender gap 남녀의 성별차

---

1 밑줄 친 (가)의 문장을 아래 조건에 맞게 다시 영작하시오.

> ● 조건 ●
> • so의 문맥적 의미를 풀어 아래 5형식 예문을 참고하여 영작할 것.
>   예문. I think him to be a liar.
> • 각 빈칸엔 한 단어만 넣을 것.

we all ＿＿＿＿ ＿＿＿＿ ＿＿＿＿ ＿＿＿＿ ＿＿＿＿ ＿＿＿＿ ＿＿＿＿ ＿＿＿＿.

---

2 괄호 (나)의 우리말 영작하려고 한다. 아래 조건에 따라 빈칸에 들어갈 표현을 작성하시오.

> ● 조건 ●
> • 아래 제시된 단어만 사용할 것.
>   do / in / more / with / might / we / to / the / society / live / have
> • 각 빈칸에 한 단어만 넣고, 추가 단어 없음.

the gender gap in math ability ＿＿＿＿ ＿＿＿＿ ＿＿＿＿ ＿＿＿＿ ＿＿＿＿ ＿＿＿＿

＿＿＿＿ ＿＿＿＿ ＿＿＿＿ ＿＿＿＿ ＿＿＿＿ than biological differences between the

sexes

3 괄호 ㉠, ㉡의 우리말을 아래 제시된 조건에 맞게 영작하시오.

> ● 조건 ●
>
> • ㉠의 경우 관계부사와 함께 아래 제시된 단어를 반드시 사용할 것.
>   occupy / in / men / position / equal / women / society
> • ㉡의 경우 아래 제시된 단어를 반드시 사용 할 것.
>   of / with / levels / gender / lower / equality
> • 각 빈칸 한 단어만을 넣고, 추가 단어 있음.

㉠ _____ _____ _____ _____ _____ _____ _____ _____

_____ _____ _____ _____

㉡ _____ _____ _____ _____ _____ _____ _____ _____

4 본문의 주제를 작성하려고 한다. 빈칸에 들어갈 단어를 본문에서 찾아 쓰시오.

주제: Correlation between the biological (A) _____ in math ability and the level of gender (B) _____

[4] 다음 글의 내용을 한 문장으로 요약하고자 한다. 빈칸 (A)와 (B)에 들어갈 말로 가장 적절한 것은?

"Opposites attract when choosing partners" ㉠ <u>are</u> the common response when you see a ㉡ <u>contrasting</u> couple like a party person and a quiet introvert. Yet we all know couples who have similar personalities — they like the same restaurants or are both neat freaks. So ㉢ <u>do people attracted to those</u> unlike themselves to complement their personalities, or do people seek out a partner just like ㉣ <u>them</u> because it's positively reinforcing? It turns out that neither hypothesis is true. A study of 36 couples found that there were no ㉤ <u>significantly</u> inter-personality similarities or disparities between each couple. In other words, there was no correlation between each individual partner's personalities, but there was a correlation between a person's optimal self-concept and the perception they had of their partner. So, if you aspire to be organized, you are likely to believe that your partner is _____ _____ than he or she really is.

✦ NOTE 📝

opposite 정반대의 사람[사물]	reinforce 강화하다	disparity 불균형, 불
contrasting (서로) 대조되는	turn out 밝혀지다	correlation 상호 관계
introvert 내향적[내성적]인 사람	hypothesis 가설	optimal 최선[최적]의
complement 보완하다	inter-personality 성격 간의	aspire 갈망하다

1 밑줄 친 ㉠ ~ ㉤ 중 어법 상 틀린 것을 모두 찾고, 해당 부분을 바르게 고치시오.(틀린 표현은 0개는 아님)

기호	틀린 표현	옳은 표현
_____ :	_____ →	_____
_____ :	_____ →	_____
_____ :	_____ →	_____
_____ :	_____ →	_____
_____ :	_____ →	_____

2 문맥상 마지막 문장의 빈칸에 들어갈 표현을 쓰시오.

So, if you aspire to be organized, you are likely to believe that your partner is _____ _____ than he or she really is.

3 아래 영영풀이에 정의되는 단어를 본문에서 찾아 쓰시오.(두 단어임)

someone who likes things, especially their home, to be extremely tidy and clean, and who spends a lot of time cleaning: a _____ _____

4 본문의 요지를 작성하려고 한다. 아래 조건에 맞게 박스 안의 단어를 사용하여 요지문의 빈칸을 채우시오.

━━━━━━━━━━━━━━━━━━━━━━━━━━ ● 조건 ●

1. 단어는 중복되어 사용하지 않고, 필요 시 박스 안의 단어의 어형을 변화시킬 것.
2. 빈칸에 한 단어만 쓸 것.

ideal	common	contrasting
theoretical	character	introverted
opposite	wealth	disparity
identical	appearance	

Choosing partners is more affected by the (A) _____ concept that people have of themselves and the perception they had of their partner rather than by the likenesses or differences of (B) _____ between two people.

MAGNUS
서술형 시리즈

고등영어 서술형
실전편

MAGNUS

내신 서술형 실전 06회

WARM UP

01 주어진 문장의 괄호 안의 단어의 순서를 바르게 배열하여 문맥상 자연스러운 흐름이 되도록 만드시오.

1. (experience / revitalizing / an) can entail retelling it (aspects / in / the / eliminates / that / interesting / least / manner / a), or it can involve (parts / enhancing / manipulating / the facts / the tedious / by).

> 경험에 활력을 불어넣는 것은 가장 흥미롭지 않은 측면을 제거하는 방식으로 다시 말하거나, 사실을 조작하여 지루한 부분을 향상시키는 것을 수반할 수 있습니다.

2. (of / we / understanding / broader / this) was not only linked to their choices to assist (to / themselves / who / were / individuals / dissimilar) during the war, but (fifty / they / years / interviewed / even / when / later / were), the rescuers were still supporting (diverse / of / and / a / range / people / more / causes).

> "우리"에 대한 이러한 폭넓은 이해는 전쟁 중에 자신과 다른 개인을 돕기 위한 선택과 관련이 있을 뿐만 아니라 50년 후 인터뷰를 했을 때도 구조 대원들은 여전히 더 다양한 범위의 사람들과 대의를 지원하고 있었다.

3. (spreading / the act / of / the risk / infection / of / reducing) in regions (more / where / pathogens / prevalent / are) is (by / been / that / has / cultural / evolution / a strategy / shaped).

> 병원체가 더 많은 지역에서 감염 확산 위험을 줄이는 행위는 문화적 진화에 의해 형성된 전략입니다.

4. Establishing smaller, more insular communities (outsiders / are / that / of / wary) may potentially aid in (decreasing / to / illnesses / exposure) (immunity / which / natural / an individual / lacks / for).

> 외부인을 경계하는 더 작고 고립된 커뮤니티를 구축하면 자연 면역이 없는 개인이 질병에 대한 노출을 줄이는 데 잠재적으로 도움이 될 수 있습니다.

5. (regions / of / languages / in / concentration / tropical / found / the high) can (communication / infections / between / communities / and thereby / of / impede / the spread / restrict).

> 열대 지방에 집중된 언어는 지역 사회 간의 의사 소통을 방해하여 감염 확산을 제한할 수 있습니다.

6. The two variables might only (be / appear / one / to / linked / with / another) (influence / of / third / a / variable / the / because / of).

> 세 번째 변수의 영향으로 인해 두 변수가 서로 연결된 것처럼 보일 수 있습니다.

7. When researchers (causality / assert / to / endeavor) in the connection between an independent and a dependent variable, they must eliminate (lead / other / a mistaken relationship / to / that / could potentially / variables).

> 연구자가 독립변인과 종속변인의 연관성에 인과관계를 주장하고자 할 때, 잠재적으로 잘못된 관계로 이어질 수 있는 다른 변인을 제거해야 한다.

괄호 안에 제시된 단어를 반드시 사용하여 우리말을 영작하시오.
(단, 문제에 따라 추가단어와 어형변화 있을 수 있음.)

1. The skill of narrating involves (to convey / discover / experiences / to suit / the audience / personal / ways / effective).

▶ 내레이션의 기술은 개인의 경험을 청중에게 적합하게 전달하는 효과적인 방법을 발견하는 것과 관련됩니다.

2. (make / appear / your daily occurrences / engage / you / unless / can), nobody desires to hear about them.

▶ 당신이 당신의 일상적인 일들을 매력적으로 보이게 할 수 없다면, 아무도 그것에 대해 듣고 싶어하지 않을 것입니다.

3. For (foster / their children's / wish / their / potential / charitable nature / parents / who), this implies a piece of guidance.

▶ 자녀의 자애로운 본성을 키우고자 하는 잠재적인 부모에게는 지침이 될 수 있습니다.

4. Introduce them to (range / people / of / diverse) (associations / to create / positive).

▶ 그들을 다양한 사람들에게 소개하여 긍정적인 관계를 형성하도록 하세요.

5. (more prevalent / in higher / than / latitudes / regions / the fact / in tropical / that / diseases) could partly explain (intrigue / an / of / aspect / language / distribution).

▶ 고위도보다 열대 지방에서 질병이 더 많이 발생한다는 사실은 언어 분포의 흥미로운 측면을 부분적으로 설명할 수 있습니다.

6. (the apparent / between / two / despite / variable / correlation), there may not be a causal link.

▶ 두 변수 사이의 명백한 상관관계에도 불구하고, 인과 관계가 없을 수 있습니다.

7. It appears that reading ability may improve (shoe / as / size / increase).

▶ 신발 사이즈가 클수록 읽기 능력이 향상될 수 있는 것으로 보입니다.

[1] 다음을 읽고, 물음에 답하시오.

People tell about their own experiences all the time, but they do not necessarily tell about the same experience in the same way every time. The telling process, even in the relating of a firsthand experience, can be a highly (가) _____ process. That is, the art of storytelling involves finding good ways to express one's experiences in a way appropriate to the listener. A fine line exists, therefore, between invented stories and the relation of firsthand experiences. The entertainment factor exists in relating firsthand experiences just as it does in inventing stories. Nobody wants to listen to what happened to you today (나) (당신이 일어난 일을 흥미롭게 보이게 만들 수 없다면). The process of livening up an experience can involve simply telling that experience in such a way as to eliminate the dullest parts, or it also can involve 'improving' the dull parts by playing with the facts.

* relate: 이야기하다

+ NOTE

not necessarily 반드시 ~은 아닌	involve 포함하다	liven up ~을 생동감 있게 하다
process 과정	appropriate 적합한	eliminate 없애다
firsthand 직접 (체험에서) 얻은	a fine line 종이 한 장 차이,	play with ~을 여러모로 활용하다
inventive 창의적인	미세한 차이	

1 본문의 내용에 비추어 빈칸 (가)에 들어갈 단어를 아래 조건에 맞게 작성하시오.

● 조건 ●

• 총 9개의 철자로 이뤄진 단어임
• 본문에서 언급된 단어의 변형된 꼴임.

i _ _ _ _ _ _ _ _

2 괄호 (나)의 우리말을 영작하려고 한다. 아래 조건에 맞게 영작하시오.

- unless S V의 형태와 5형식 문장을 활용할 것.
- 아래 제시된 단어를 반드시 사용하되, 필요시 문맥에 맞게 단어의 형태를 변형할 것.
  각 빈칸에 한 단어만 사용하고, 추가단어 있음.
- appear / can / make / interest / what / happen

_____ _____ _____ _____ _____ _____

_____ _____

3 본문의 요지문을 작성하려고 한다. 아래 조건에 맞게 박스 안의 단어를 사용하여 요지문의 빈칸을 채우시오.

- 단어는 중복되어 사용하지 않음.
- 빈칸의 문맥에 맞게 제시된 단어의 품사를 변형할 수 있음.
- 빈칸에 한 단어만 쓸 것.

dull	modify	enjoy
appropriate	reliable	memorize
relate	reveal	comprehensible

When we narrate our firsthand experiences, we tend to (A) _____ what happened in order to make our story (B) _____ for the listeners.

(A): _____

(B): _____

[2] 다음을 읽고, 물음에 답하시오.

Samuel and Pearl Oliner found large differences between European Gentiles who harbored Jews from the Nazis and those who did not: (가) <u>Rescuers</u> reported close childhood associations with more ㉠ <u>people of different social classes and religions</u>. Moreover, while growing up, they felt a sense of similarity to a wider and more varied group of people than did nonrescuers. (나) <u>Not only this expanded sense of "we" was related to their decisions to aid people who were different from themselves during the war but also, when they interviewed half a century later, rescuers were still helping a greater variety of people and causes.</u> All this suggests a piece of advice for prospective parents who want their children to develop a broadly (다) _____ nature: Give them positive contact in the home with individuals from a wide spectrum of backgrounds.

+ NOTE

Gentile 비(非)유대인	expand 확장[확대]하다	prospective 장래의
harbor 피난[은신]처를 제공하다	be related to ~와 관련되다	a wide spectrum of
association 친밀(한 관계	aid 돕다, 원조하다	가지각색의, 광범위한
similarity 유사(점)	a variety of 다양한	

1 밑줄 친 (가)의 'Rescuers'가 나타내는 것을 윗글에서 찾아 쓰시오.

_____

✔고난도

2 본문의 밑줄 친 ㉠의 표현과 동의어를 작성하려고 한다. 아래 빈칸을 채우시오.(단, 총 4개의 철자로 구성된 단어임)

people of different social classes and religions
= people from all _____s of life

3 밑줄 친 (나)에서 어법상 틀린 부분을 <u>모두</u> 찾아 바르게 고친 후 전체 문장을 다시 쓰시오.

_____

_____

4 다음은 본문의 요지이다. 빈칸에 들어갈 적절한 말을 본문에서 찾아 **변형하여** 쓰시오.(단, 본문의 단어를 그 대로 사용할 경우 부분점수 부여함.)

요지: Those who have built a favorable (A) _____ with a wide range of people in their childhood have a tendency to give (B) _____ to others who are in trouble.

(A) _____   (B) _____

5 아래 영영풀이를 참고하여, 본문의 빈칸 (다)에 들어갈 단어를 쓰시오.(단, 철자 c로 시작하여 e로 끝나며, 총 10개의 철자로 구성된 단어임)

영영풀이: generous and giving, especially towards those in need

c _ _ _ _ _ _ _ _ e

[3] 다음을 읽고, 물음에 답하시오.

The fact that dreaded diseases are more common in the tropics than at higher latitudes may in part explain a curious feature of (가) (distribute / how / language): near the equator, language densities (the number of languages per unit area) are much higher, and language communities (the number of people speaking a given language) very much ㉠ larger, than they are at higher latitudes. One explanation for this might be that it is a culturally evolved strategy to ㉡ reduce the risk of cross-infection in areas where pathogens are more ㉢ densely concentrated. Language barriers significantly ㉣ reduce the opportunities for contact between different populations, thus ㉤ minimizing the risk of contamination. Thus, (나) (규모가 더 작고, 내부 지향적이며, 외부인을 꺼려하는 사회를 만들어 내는 것이) (사람들이 자연 면역이 없는 질병에 노출되는 것을 줄이는 것을 도울 수 있다).

+ NOTE

latitude 위도	cross-infection 교차 감염	pathogen 병원균
equator 적도	barrier 장벽, 장애물	xenophobic 외부인을 꺼려하는
density 밀도	contamination 감염, 오염	

1 글 전체 내용으로 보아 괄호 (가)에 들어갈 표현을 주어진 단어를 활용하여 영작하시오.(단, 주어진 단어의 어형변화와 추가단어 있으며, 각 빈칸엔 한 단어만 사용할 것)

_____ _____ _____ _____

2 밑줄 친 ㉠ ~ ㉤ 중 글의 흐름을 방해하는 단어를 하나 찾고, 문맥에 맞게 바르게 고치시오.

기호	틀린 표현	바른 표현
_____ :	_____ →	_____

3 본문의 요지를 작성하려고 한다. 아래 조건에 맞게 박스 안의 단어만을 사용하여 요지문의 빈칸을 채우시오.

> ● 조건 ●
> • 단어는 중복되어 사용하지 않음.
> • 빈칸에 한 단어만 쓸 것.

maintain	dread	population
prejudice	enhance	infections
promote	hinder	
poverty	contain	

High language densities found in the tropics can (A) _____ contact between

communities and thus prevent (B) _____ from spreading.

4 괄호 (나)의 우리말을 아래 조건에 맞춰 영작하시오.

> ● 조건 ●
> • 아래와 같이 주부와 서술부로 나누어 영작하되, 답을 쓸 때는 한 문장으로 작성할 것.
>   – **주부**: 사람들이(규모가 더 작고, 내부 지향적이고, 외부인을 꺼려하는 사회를 만들어 내는 것이)
>   – **서술부**: (자연 면역이 없는 질병에의 노출을 줄이는 것을 도울 수 있다)
> • 주부를 작성할 때 A, B, and C의 병치와 코마를 반드시 사용하여 표현할 것.
> • 주부와 서술부에 활용할 아래 주어진 단어만 사용하되, 동사는 어형변화 있을 수 있음.
>   – **주부**: smaller / societies / and / more / xenophobic / create / inward-looking
>   – **서술부**: to / immunity / no / help / exposure / one / to / natural / to / diseases / reduce / which / has / may

_____

_____

_____

실전편 06회

[4] 다음 글을 읽고, 제시된 조건에 맞게 각 질문에 답하시오.

Even though two variables seem to be related, there may not be a causal relationship. In fact, the two variables may merely seem to be associated with each other due to the effect of some third variable. Sociologists call such misleading relationships spurious. A classic example is the apparent ㉠ a_____ between children's shoe size and reading ability. It seems that as shoe size increases, reading ability improves. Does this mean that the size of one's feet (independent variable) causes an improvement in reading skills (dependent variable)? Certainly not. (A) **This false relationship** is caused by a third factor, age, that is related to shoe size as well as reading ability. Hence, when researchers attempt to make causal claims about the relationship between an independent and a dependent variable,
(B) _____.

+ NOTE

variable 변수	apparent 분명한	make a claim 주장하다
merely 단지	independent variable 독립변수	causal 인과(관계)의
be associated with ~와 연계되다	dependent variable 종속변수	
misleading 오해하기 쉬운	attempt to v ~하는 것을 시도하다	

1 아래에 정의되는 한 단어를 본문에서 찾아 쓰시오.

영영풀이: false and not what it appears to be

2 문맥상 빈칸 ㉠에 들어갈 단어를 본문에서 찾아 쓰시오.(단, a로 시작하는 단어이며, 필요시 문맥에 맞게 단어의 형태를 변형할 것)

3 다음 질문을 읽고, 조건에 맞게 영어로 답하시오.

Q: What does the underlined (A) This false relationship refer to? (Write the answer in a full sentence.)

A: _____.

● 조건 ●
• 윗글에서 찾아 쓰거나, 윗글의 단어를 이용하여 작성 할 것.
• 문장으로 작성할 것

4 다음 질문을 읽고, 조건에 맞게 영어로 답하시오.

Q: What do you think the blank (B) is?

A: _____ .

제시어

rule out / other / an / variables / relationship / that / they / incorrect / create / must

● 조건 ●

• 글쓴이의 요지가 드러나는 문장으로 작성할 것
• 〈제시어〉에 주어진 단어를 모두 사용할 것 (단, 필요시 단어를 변형할 수 있음)
• 〈제시어〉 이외의 단어를 추가할 수 있음
• 대소문자 구별 없음

MAGNUS
서술형 시리즈

고등영어 서술형
실전편

MAGNUS

내신 서술형 실전 **07**회

WARM UP

주어진 문장의 괄호 안의 단어의 순서를 바르게 배열하여 문맥상 자연스러운 흐름이 되도록 만드시오.

1. Brain activity (monitored / observe / was / scientists / by / to) (it / and sentence structures / how / to / words, phrases, / responded), (they / particularly when / or difficult / unusual, / surprising / were).

> 과학자들은 두뇌 활동을 모니터링하여 이것이 단어, 구 및 문장 구조가 특히 그것들이 비정상적이거나 놀랍거나 어려울 때 뇌 활동이 어떻게 반응하는지 관찰했습니다.

2. (can stimulate / the brain / the right hemisphere / poetry / reading / of / challenging), leading readers to reflect and reassess their own experiences (have / what / they / in light of / read).

> 도전적인 시를 읽으면 뇌의 우반구가 자극되어 독자가 읽은 내용에 비추어 자신의 경험을 반영하고 재평가할 수 있습니다.

3. A smaller backfire burns away (the forest fire / that / continue / needs / to / the fuel), as it moves back towards the larger fire.

> 더 작은 역화는 더 큰 불을 향해 다시 이동하면서 산불이 계속되는 데 필요한 연료를 태워 버립니다.

4. (was / people / by / the mechanical clock / invented) (monasteries / influenced / in / by / living / the monks).

> 수도원에 거주하는 승려의 영향을 받은 사람들에 의해 기계식 시계는 발명되었다.

5. (each day / prayer / to / the seven hours / announce / of), the monastery bells (rung / to / intervals / be / precise / at / had), (accurate / necessitating / timekeeping).

> 매일 7시간의 기도를 알리기 위해 수도원의 종은 정확한 간격으로 울려야 했고, 정확한 시간 측정이 필요했습니다.

6. It may be wise to (for / one's / viewpoint / own / fighting / stop) and instead (trustworthy / accept / group / the opinions / of / a) when the time comes.

> 자신의 입장만 고집하지 말고, 적당한 때에, 믿을 수 있는 집단의 의견을 받아들이는 것이 현명할 수 있다.

7. (despite / wrong / repeated pain / being / from / experiencing), some individuals (in their beliefs / and / never / open-minded / persist / become / may).

> 틀려서 반복적으로 고통을 겪으면서도, 어떤 사람들은 마음을 열지 않고 자신의 믿음을 고집할 수 있습니다.

괄호 안에 제시된 단어를 반드시 사용하여 우리말을 영작하시오.
(단, 문제에 따라 추가단어와 어형변화 있을 수 있음.)

1. The brain (stay / activated / period / prolonge / a / for), (which / further / reading / encourage).

> 뇌는 <u>장기간 활성화되어, 더 많은 독서를 장려합니다.</u>

2. Classical texts in their original form, with challenging language, (and / readers / self-reflection / inspire / read more / activate).

> 도전적인 언어를 사용하여 원래 형식의 고전 텍스트는 <u>자기 성찰을 활성화하고 독자가 더 많이 읽을 수 있도록 영감을 줍니다.</u>

3. The smaller backfire burns (survive / need / fire / the fuel / that / to / the forest) instead of moving ahead of the inferno.

> 작은 역화는 인페르노보다 앞서가는 대신 <u>산불이 생존하는 데 필요한 연료를</u> 태운다.
> * inferno (대화재 따위)
>   지옥 같은 장소

4. The first clocks were simply (a weight / tie / a revolving drum / to / a rope / on).

> 최초의 시계는 단순히 <u>회전하는 드럼의 로프에 묶인 추였습니다.</u>

5. (your / beliefs / it / independent thinking / important / have / and / is / defend / to).

> <u>독립적인 사고와 자신의 신념을 지키는 것이 중요합니다.</u>

6. It is wiser and more beneficial (the conclusions / a trustworthy group / open-minded / of people / and trust in / of / to be), rather than (own / one's / beliefs / sticking).

> <u>자신의 신념을 고수하기보다 신뢰할 수 있는 집단의 결론을 열린 마음으로 신뢰하는 것이</u> 더 현명하고 유익합니다.

[1] 다음을 읽고, 물음에 답하시오.

Experts have found that reading classical texts benefits the mind by catching the reader's attention and triggering moments of self-reflection. The brain activity of volunteers was monitored as they read classical works. These same texts were then "translated" into more straightforward, modern language and again the readers' brains were monitored as they read the words. Scans showed that ㉠ the more challenging prose and poetry set off far more electrical activity in the brain than the more pedestrian versions. Scientists were able to study the brain activity as it responded to each word and record how it lit up as the readers encountered unusual words, surprising phrases or difficult sentence structures. This lighting up lasts long enough to (가) shift the brain into a higher gear, encouraging further reading. The research also found that reading the more challenging version of poetry, in particular, increases activity in the right hemisphere of the brain, helping the readers to reflect on and reevaluate their own experiences in light of what they have read.

✚ NOTE

trigger 촉발하다, 작동시키다	pedestrian 평범한, 단조로운	self-help book 자습서
self-reflection 자아 성찰	hemisphere (뇌의) 반구	
straightforward 쉬운, 간단한	academic 교수	

1 밑줄 친 ㉠의 내용을 참고하여 밑줄 친 (가)의 문맥적 의미를 작성하려고 한다. 아래 조건에 맞게 빈칸을 채우시오.

(가) shift the brain into a higher gear

= _____ _____ _____ _____ _____ _____

┌─────────────────────────────────────── ● 조건 ● ───┐
• 각 빈칸에 한 단어만 사용할 것.
• 아래 제시된 단어를 사용하되, 추가 단어 있고 필요시 단어의 형태를 변형할 것.
  제시어 brain / make / electrically / active
└──┘

2 다음 글의 내용을 한 문장으로 요약하고자 한다. 빈칸 (A)와 (B)에 들어갈 말을 박스 안 제시어에서 찾아 쓰시오.(단, 필요시 단어의 형태를 문맥에 맞게 변형할 것)

demand	activate	vulnerable
distort	cease	spectacular
apathetic	accessible	reckless
comprehensible	hamper	shift

Original versions of classical texts are helpful to readers because they contain (A) _____ language that inspires further reading and (B) _____ readers' self-reflection.

(A): _____

(B): _____

[2] 다음을 읽고, 물음에 답하시오.

(가) <u>The heated air above a fire rises in a pillar of smoke and burnt gases, pulling fresh air in from the sides to replace it</u>. Fire fighters use this fact when they "fight fire with fire." They start a fire well in front of the one that they are fighting. Instead of traveling on in front of the inferno, the smaller fire is pulled back towards it by the updrafts of the larger blaze. (나) <u>As it travels back to meet the larger fire, the smaller backfire burns away the fuel that the forest fire needs to survive.</u>

*inferno: 화염, 불길

+ NOTE

pillar 기둥	in front of ~ 앞에	backfire 맞불《연소 방지를 위한》
pull in (안쪽으로) 끌어 당기다	updraft 기류[가스]의 상승(운동)	fuel 연료
replace 대체하다	blaze (확 타오르는) 불길; 화재	

1 밑줄 친 (가)의 문장의 내용과 일치하는 재진술 문장을 만들려고 한다. 아래 빈칸에 들어갈 단어를 아래 조건에 맞게 순서대로 써넣으시오.

●조건●
• ㉠의 빈칸에 들어갈 단어는 to pull과 같은 의미를 가진 단어의 어형이 변형된 꼴임.
• ㉡은 밑줄 친 (가)의 문장에서 알맞은 단어를 찾아 넣을 것.

= Fresh air is ㉠ d_____ in from the sides to ㉡ _____ the heated air above a fire.

2 (나)의 문장과 같은 의미의 재진술 문장을 작성하려고 한다. 아래 조건에 맞게 바르게 배열하시오.

●조건●
• 제시된 단어만을 사용할 것.
• 문맥에 따른 단어의 어형변화 있을 수 있음.

= In the process of traveling back to meet the larger fire, the smaller backfire (the / fuel / the / forest / to / fire / for / survive/ necessary / consume).

: _____ .

The invention of the mechanical clock ㉠ (influence) monks who lived in monasteries that were the examples of order and routine. They had to keep accurate time so that monastery bells could ㉡ (ring) at regular intervals to announce the seven hours of the day ㉢ (reserve) prayer. Early clocks were (가) <u>nothing more than</u> a weight tied to a rope wrapped around a revolving drum. Time was determined by watching the length of the weighted rope. (나) (17세기 진자의 발견으로 시계와 거대한 공공 시계가 널리 사용되었습니다.) Eventually, keeping time turned into serving time. People started to follow the mechanical time of clocks rather than their natural body time. They ate at meal time, rather than when they were h_____, and went to bed when it was time, rather than when they were s_____. Even periodicals and fashions became "yearly." The world had become orderly.

+ NOTE

invention 발명	at intervals 간격으로	be determined by ~에 의해서 결정되다
monk 수도승	announce 발표하다	weighted rope 무게추를 단 줄
monastery 수도원	weight 추	serve 제공하다
routine 판에 박힌 일, 일상의 과정(일)	wrap 싸다	periodical 주간지
accurate 정확한	revolve 회전하다	orderly 순서 바른, 질서 있는, 정돈된

1 문맥 상 괄호 ㉠~㉢의 바른 표현을 쓰시오.(단, 추가 단어 있고, 제시된 단어의 형태를 문법에 맞게 변형할 것)

㉠ _____

㉡ _____

㉢ _____

2 밑줄 친 (가)의 표현을 네 개의 철자로 된 한 단어로 바꾸어 쓰시오.

_____

3 괄호 (나)의 우리말을 영작하려고 한다. 아래 조건에 맞게 작성하시오.

● 조건 ●

- A lead to B의 구문을 활용할 것.
- 시제에 유의하여 영작하고, 아래 제시어만을 사용할 것.

제시어 and / the / clocks / clocks / the / in / widespread / pendulum / use / enormous / the / discovery / of / to / seventeenth / the / public / of / led / century

_____

_____

4 문맥 상 본문의 빈칸에 들어갈 단어를 각각 쓰시오.(단, 제시된 철자로 시작하는 단어를 쓸 것)

h _ _ _ _ _

s _ _ _ _ _

5 위 글의 주제를 완성하고자 할 때, 빈칸에 들어갈 알맞은 단어를 쓰시오.(단, 반드시 주어진 철자로 시작하는 단어를 쓸 것)

주제: The o_____ of the mechanical clock and its e_____ on people's lives

It's important that you think independently and fight for what you believe in, but (가) (당신의 견해를 위해 싸우는 것을 멈추는 것이 더 현명할 때가 온다) and move on to accepting (나) (신뢰할 수 있는 그룹의 사람들이 가장 좋다고 생각하는 것). This can be extremely difficult. But it's smarter, and ultimately better ㉠ <u>of you to be open-minded</u> and have faith that the conclusions of a trustworthy group of people are ㉡ <u>better than whatever you think</u>. If you can't understand their view, you're probably just ㉢ <u>blind to their way of thinking</u>. (다) (모든 증거와 신뢰할 수 있는 사람들이 당신에게 반대할 때, 만약 당신이 최선이라고 생각하는 것을 계속한다면), you're ㉣ <u>being dangerously confident</u>. The truth is that while most people can become incredibly open-minded, some can't, even after they have repeatedly encountered lots of pain ㉤ <u>from betting what</u> they were right when they were not.

✛ NOTE 📝

independently 독립적으로	trustworthy 신뢰할 만한	blind to ~에 눈먼
fight for ~을 위해서 싸우다	ultimately 궁극적으로	repeatedly 반복적으로
move on to 계속해서 ~하다	open-minded 열린 마음의	encounter 마주치다, 부닥치다

1 괄호 (가)의 우리말을 아래 조건에 맞게 영작하시오.

┌─────────────────────────────── ● 조건 ● ─┐
• There구문과 관계부사 when을 사용할 것.
• 아래 제시된 단어를 한 번씩만 사용하고, 추가단어 없음.
• 필요시 동사의 어형을 변형할 것.
  제시어 your / to / time / view / for / stop / a / it's / wise / there / come / when / fight
└──┘

2 괄호 (나)의 우리말을 영작하려고 한다. 아래 조건에 맞게 빈칸을 채우시오.

┌─────────────────────────────── ● 조건 ● ─┐
• 각 빈칸에는 한 단어만 넣을 것.
• 아래 제시된 단어를 활용하되, 추가단어 있음.
• [관계대명사 + S V + V]의 구조를 활용할 것.
  think / trustworthy / people / group / best
└──┘

3 괄호 (다)의 우리말을 영작하려고 한다. 아래 조건에 맞게 빈칸을 채우시오.

> ● 조건 ●
> • 각 괄호 안의 단어만을 사용하여 우리말에 맞게 배열할 것.
> • [관계대명사 + S V + V]의 구조를 활용할 것.

If (what / think / best / continue / you / doing / you / is) when (you / all / evidence / are / the / trustworthy / people / against / and),

If _____ when

_____ ,

4 ㉠ ~ ㉤ 중 어법 상 어색한 것을 모두 찾고, 해당 부분을 바르게 고치시오.

기호		틀린 표현		바른 표현
_____	:	_____	→	_____
_____	:	_____	→	_____
_____	:	_____	→	_____
_____	:	_____	→	_____

MAGNUS
서술형 시리즈

고등영어 서술형
실전편

MAGNUS

내신 서술형 실전 **08**회

01 주어진 문장의 괄호 안의 단어의 순서를 바르게 배열하여 문맥상 자연스러운 흐름이 되도록 만드시오.

1. (who / of / tower bells / sets / ring / those) notice that (are / their bells / in tune with / each other / not).

> 탑종을 울리는 사람들은 그들의 종들이 서로 조화를 이루지 않는다는 것을 알아차립니다.

2. Currently, the Dutch (off / the larger bells / scraping / are / metal) (until / as / they / are / the smaller ones / as / thin).

> 현재 네덜란드인들은 큰 종이 작은 종만큼 얇아질 때까지 큰 종에서 금속을 긁어내고 있습니다.

3. During his three years studying in college, my friend Martin (complain / the city of Los Angeles / about / living in / used to).

> 대학에서 3년 동안 공부하는 동안, 내 친구 Martin은 로스앤젤레스 시에 사는 것에 대해 불평하곤 했습니다.

4. American conversations can (a game / like / Ping-Pong / of / seem).

> 미국식 대화는 탁구 게임처럼 보일 수 있습니다.

5. If one person in the conversation (or ask / enough questions / contribute / enough / fails to), the conversation (to / will / halt / a / come).

> 대화에서 한 사람이 충분히 기여하지 못하거나 충분한 질문을 하지 않으면, 대화가 중단됩니다.

6. These tree rings (information / the weather conditions / and / the tree's age / can provide / about) during each year of its life.

> 이 나이테는 나무의 나이와 각 연도의 기상 조건에 대한 정보를 제공할 수 있습니다.

7. (has / a drought / undergone / the tree / such as / stressful conditions / if), (at all / that period / it / grow / may hardly / during).

> 나무가 가뭄과 같은 스트레스 조건을 겪으면 그 기간 동안 거의 자라지 않을 수 있습니다.

괄호 안에 제시된 단어를 반드시 사용하여 우리말을 영작하시오.
(단, 문제에 따라 추가단어와 어형변화 있을 수 있음.)

1. Out-of-tune church bells (acid rain / cause / may / by), which (and / the bells / affect / of / their sound quality / the metal / can corrode).

▶ 음정이 맞지 않는 교회 종은 산성비로 인해 종의 금속이 부식되어 음질에 영향을 미칠 수 있습니다.

2. The bells are (the expected / not / sounds / produce / or desired).

▶ 벨이 예상하거나 원하는 소리를 생성하지 않습니다.

3. Smaller bells may (more / damage / be / acid rain / susceptible / from), (out-of-tune / become / to / cause / them) more quickly than larger bells.

▶ 작은 종은 산성비로 인한 손상에 더 취약하여 큰 종보다 더 빨리 음이 맞지 않게 됩니다.

4. (different / to / move / city / a) could (of / improve / his / life / quality).

▶ 다른 도시로 이사하면 삶의 질이 향상될 수 있습니다.

5. He (remorse / felt / a / sense) for (of / leaving / and / Los Angeles / the enjoyable climate / behind / exciting lifestyle).

▶ 로스엔젤레스의 쾌적한 기후와 신나는 라이프스타일을 뒤로 한 채, 그는 아쉬움을 느꼈다.

6. (dominate / one person / the conversation) can (the other / cause / feel / impatient / to), (exchange / to / leading / an / unbalance).

▶ 한 사람이 대화를 주도하면, 다른 사람이 조바심을 느낄 수 있고, 불균형한 대화로 이어질 수 있습니다.

7. The growth rings of a tree vary in width (on / each year / the weather conditions / depending / of), (thinner ones / cold and dry years / warm and wet years / producing / with / wider rings / producing / and).

▶ 나무의 나이테는 매년 기후 조건에 따라 폭이 다르며, 따뜻하고 습한 해에는 더 넓은 나이테를 만들고, 한랭하고 건조한 해에는 더 얇은 나이테를 만듭니다.

[1] 다음을 읽고, 물음에 답하시오.

(가) <u>What does acid rain have to do with out-of-tune church bells?</u> In the Netherlands, there are nearly 15,000 bells in ① <u>its</u> many bell towers. In recent years, the bells just haven't sounded ② <u>the way they should.</u> People who ring sets of tower bells find that their bells are no more in tune. The cause is acid rain, which (나) e_____ a_____ the metal bells. As the bells get "rusty", their sound changes. Worse, smaller bells are corroded more quickly than ③ <u>bigger bells do</u>. This means that (다) <u>sets of bells don't stay in tune with each other.</u> For now, the Dutch are scraping metal off the big bells until they're ④ <u>as thin as</u> the small ones. In the long run, though, the bells will (라) _____ _____ _____ _____ again—unless acid rain stops ⑤ <u>falling</u> on them.

✚ NOTE 📝

acid rain 산성비	ring 울리다	scrape 문질러[스치어, 긁어] 벗기다
have to do with ~와 연계성이 있다	corrode 부식하다	

1 밑줄 친 ①~⑤ 중, 어법상 틀린 것을 한 개 찾아 해당 부분을 바르게 고치시오.

기호	틀린 표현	바른 표현
_____ :	_____ →	_____

2 밑줄 친 문장 (가)와 동일한 의미의 문장으로 쓰려고 한다. 빈칸에 들어갈 단어를 써넣으시오.

What does acid rain have to do with out-of-tune church bells?

= Do out-of-tune church bells have _____ to do with acid rain?

3 빈칸 (나)에 들어갈 표현을 적으려고 한다. 아래 조건에 맞게 작성하시오.

● 조건 ●

- 각 빈칸에는 한 단어만 들어가고, 각각 제시된 철자로 시작하는 단어임.
- 빈칸에 들어갈 표현의 영영풀이는 다음과 같고, 해당 표현을 문맥에 맞게 작성할 것.
  영역풀이: to gradually damage or destroy something

e_____ a_____

4 밑줄 친 (다)의 문장의 내용을 문맥에 맞게 가정법의 문장으로 바꾸려고 한다. 빈칸에 들어갈 표현을 순서대로 채우시오.

= If it were not for acid rain, sets of bells ㉠ _____ be out of tune with each other.

= ㉡ _____ _____ acid rain, sets of bells would be in tune with each other.

5 아래 조건에 맞게 문맥상 (라)에 들어갈 표현을 작성하시오.

─────────────────────────── ● 조건 ●
• go와 tune를 반드시 사용하여 영작하되 추가단어 있음.
• 빈칸 한 개에 한 단어만 넣을 것.

🖉 답 _____

6 본문에서 언급된 산성비의 영향을 적은 내용이다. 아래 조건에 맞게 빈칸에 들어갈 표현을 적으시오.

─────────────────────────── ● 조건 ●
• 빈칸 ㉠은 m으로 시작하는 단어임.
• 빈칸 ㉡에 들어갈 표현은 5번의 정답을 넣을 것.
• 빈칸 ㉢은 본문에 나온 단어를 사용하되 필요시 어형을 변형할 것.

Acid rain ㉠ m_____ sets of tower bells ㉡ _____ _____ _____ _____

through ㉢ _____.

[2] 다음을 읽고, 물음에 답하시오.

My friend Martin used to complain about the city of Los Angeles, ㉠ where (가) <u>he lived for three years studying in a college</u>. He wanted to go around here and there, but he couldn't do so ㉡ <u>because of</u> the traffic and the high prices. Martin thought life would be ㉢ <u>much</u> better if he were able to move to another city. Right after finishing his program and ㉣ <u>received</u> his degree, Martin moved to Boulder. Before long, however, he began to complain again about the cold weather and the boring life. He regretted ㉤ <u>to leave</u> the sunny weather and the ㉥ <u>exciting</u> lifestyle of Los Angeles.

✚ **NOTE**

used to v ~하곤 했다	high prices 고물가	degree 학위
complain about ~에 대해서 불평하다	receive 받다	regret 후회하다

1 밑줄 친 ㉠~㉥ 중, 어법상 틀린 것을 두 개 고르시오.

2 밑줄 친 (가)에 쓰인 동사를 spend로 바꾸어 같은 의미의 문장을 작성하려고 한다. 빈칸을 채우시오.

= he spent _____

3 본문의 내용과 일치하도록 아래 문장의 빈칸에 들어갈 표현을 문맥에 맞게 써넣으시오.(단, 제시된 철자로 시작하는 단어를 넣을 것)

> The cold, boring life in Boulder m_____ me r_____ having left the sunny weather and interesting lifestyle of Los Angeles.

🅐 답 _____ _____

4 본문의 요지를 반영하는 속담을 작성하려고 한다. 아래 영영풀이를 참고하여 제시된 속담의 빈칸에 들어갈 표현을 써넣으시오.

영영풀이: something that you say that means that other people always seem to be in a better situation than you, although they may not be

속담: The grass is always _____ on the other side.

[3] 다음을 읽고, 물음에 답하시오.

Some foreigners have observed that when Americans carry on a conversation, it seems as if they are having a Ping-Pong game. One person has the ball and then hits it to the other side of the table. The other player hits the ball back and the game continues. If one person doesn't return the ball, then the conversation (가) stops. If either person talks too much, the other may become impatient and feel that he or she is dominating the conversation. Similarly, (나) (만약 한 사람이 충분히 말을 하지 못하거나 대화를 계속 이어지게 할 정도의 질문을 하지 않으면), the conversation stops. Many North Americans are impatient with culturally different conversation styles simply (다) because of the unfamiliar styles. For example, to many North Americans, it seems that some Latin Americans (라) hold the ball too long.

+ NOTE

observe 관측하다	impatient 성마른, 조급한, 성급한(irritable)
carry on a conversation 대화를 이어 가다	dominate 지배하다, 좌우하다

1 밑줄 친 (가)의 표현을 interrupt를 사용하여 표현하려고 한다.(단, interrupt와 함께 짝을 이루는 표현은 g로 시작하는 단어임)

(가) stops

= g＿＿＿＿＿ ＿＿＿＿＿

2 괄호 (나)의 우리말을 아래 제시된 단어만을 사용하여 영작하시오.

제시어

going / to / enough / conversation / if / person / the / or / keep / one / say / enough / doesn't / ask / questions

＿＿＿＿＿＿＿＿＿＿＿＿＿＿＿＿＿＿＿＿＿＿＿

＿＿＿＿＿＿＿＿＿＿＿＿＿＿＿＿＿＿＿＿＿＿＿

3 밑줄 친 (다)의 구(phrase)를 절(clause)로 표현하시오.

because of the unfamiliar styles

= _____ _____ _____ _____ _____

4 밑줄 친 (라) <u>hold the ball too long</u>의 문맥적 의미를 제시된 조건에 맞게 작성하려고 한다.

● 조건 ●
- ㉠의 경우 본문에서 찾아 채워 넣을 것.
- ㉡의 경우 본문에서 찾아 채우되 단어의 형태에 주의하고, 필요시 변형할 것.

Some Latin Americans <u>hold the ball too long</u>

㉠ Some Latin Americans _____ _____ _____.

㉡ Some Latin Americans have complete _____ _____ _____ _____.

[4] 다음을 읽고, 물음에 답하시오.

If you've ever seen a tree stump, you probably noticed that the top of the stump had a series of rings. These rings can tell us (가) (그 나무의 나이가 몇 살인지), and what the weather was like during each year of the tree's life. Because trees are sensitive to local climate conditions, such as rain and temperature, they give scientists some information about that area's local climate in the past. For example, tree rings usually grow wider in warm, wet years and are thinner (나) (춥고 건조한 해에는). If the tree has experienced stressful conditions, such as a drought, the tree might hardly grow at all during that time. Very old trees (다) in particular can offer clues about the past climate long before measurements were recorded.

+ NOTE

| tree stump 나무 그루터기 | sensitive 민감한 | drought 가뭄 |

1 본문의 주제를 작성하려고 한다. 아래 각 조건에 맞게 작성하시오.

• 조건 •
• ㉠에 들어갈 단어는 총 10개의 철자로 구성단어이고, 원형의 영영풀이는 아래와 같으며 현재분사의 형태로 작성할 것.
• 영영풀이: to show an idea or feeling without stating it directly
• ㉡과 ㉢은 제시된 철자로 시작하는 단어로 각각 쓸 것.

주제: Tree rings ㉠ s_____ what the ㉡ c_____ was ㉢ l_____ in the past

2 아래 빈칸에 알맞은 단어를 넣으시오.(단, 본문에 언급된 단어의 형태를 변형해야 함)

As stated in the text, it is due to their _____ to the local climate conditions that trees provide scientists with valuable information about past climates in particular regions.

3 괄호 (가)와 (나)의 우리말을 아래 제시된 단어를 활용하여 영작하시오.(단, 추가단어 있고, 각 빈칸에는 한 단어만 쓸 것)

(가) old

_____ _____ _____ _____ _____

(나) years, cold, dry, in, is, when

_____ _____ _____ _____ _____ _____ _____ _____

4 밑줄 친 (다)의 표현의 동의어를 작성하시오.(단, e로 시작하는 10개의 철자로 된 단어임)

🅐 _____

☑ M·E·M·O

MAGNUS
서술형 시리즈

고등영어 서술형
실전편

MAGNUS

내신 서술형 실전 **09**회

WARM UP

01 주어진 문장의 괄호 안의 단어의 순서를 바르게 배열하여 문맥상 자연스러운 흐름이 되도록 만드시오.

1. The research indicated that (cooperate / to / the human / desire) is (being / by / influenced / the feeling / observed / of), and this discovery could (be / useful / promoting / in / outcomes / positive).

▶ 연구는 인간의 협동 욕구는 관찰되는 느낌에 의해 영향을 받는다고 밝혔고, 이 발견은 긍정적인 결과를 촉진하는 데 유용할 수 있습니다.

2. Sometimes, people (taking / that / avoid / may lead / actions / to / success) (because / unease / of / or / discomfort).

▶ 때때로 사람들은 불편함이나 불안감 때문에 성공으로 이어질 수 있는 행동을 취하는 것을 피합니다.

3. Change can be uncomfortable, but (new approaches / to / success / trying / it / is / by / achieve / necessary).

▶ 변화는 불편할 수 있지만, 새로운 접근을 시도하여 성공을 이루기 위해 필요합니다.

4. Large areas of ocean (by / marine algae / covered / are), which (and turn / into / absorb / sunlight / heat / it) (back / space / it / reflecting / instead of / into).

▶ 바다의 넓은 지역은 햇빛을 흡수하여 우주로 다시 반사시키는 대신 열로 바꾸는 해조류로 덮여 있습니다.

5. Microbes (likely / are / human activity / in / a / play / to / role / almost every).

▶ 미생물은 거의 모든 인간 활동에 어느 정도 역할을 합니다.

6. While the field of sports nutrition is relatively new, (given / have / foods / athletes / been / long / advice on) (performance / their / that / may improve).

▶ 스포츠 영양학 분야는 비교적 새로운 분야이지만, 운동선수들은 오랫동안 그들의 수행능력을 향상시킬 수 있는 음식에 대한 조언을 받아왔습니다.

7. Athletes may (based on / adopt / from / have achieved / those / recommendations / certain practices / who / success) in their respective sports, (are / not / scientifically / proven / the benefits / even if).

▶ 비록 과학적으로 입증되지 않았더라도 운동선수들은 각각의 스포츠에서 성공한 사람들의 권장 사항에 따라 특정 관행을 채택할 수 있습니다.

02 괄호 안에 제시된 단어를 반드시 사용하여 우리말을 영작하시오.
(단, 문제에 따라 추가단어와 어형변화 있을 수 있음.)

1. The presence of eyes can (of / watch / act as / a subtle cue / being), (in / more significant / leading / to / and / social situations / contributions / increased cooperation).

▶ 눈의 존재는 감시받고 있다는 미묘한 단서 역할을 할 수 있으며, 이는 사회적 상황에서 협력과 더 중요한 기여로 이어집니다.

2. (discomfort / avoid) can (success / achieve / their goals / hinder / and reach / one's ability).

▶ 불편함을 피하는 것은 성공을 달성하고 목표를 달성하는 능력을 방해할 수 있습니다.

3. (their comfort zone / and / push oneself / outside of / embrace discomfort) is crucial for growth and success.

▶ 불편함을 받아들이고 편안한 영역 밖으로 자신을 밀어내는 것은 성장과 성공에 매우 중요합니다.

4. Microbes and bacteria (almost / of life / earth / play / role / every aspect / on).

▶ 미생물과 박테리아는 지구 생명체의 거의 모든 측면에서 역할을 합니다.

5. Microbes are (on earth / all living organisms / essential / the survival / of).

▶ 미생물은 지구상의 모든 살아 있는 유기체의 생존에 필수적입니다.

6. Throughout history, athletes (various / in sports / enhance / foods and substances / to / have used / their performance).

▶ 역사를 통틀어 운동선수들은 운동 능력을 향상시키기 위해 다양한 음식과 물질을 사용해 왔습니다.

7. Athletes (various / techniques and substances / throughout history / have experimented / with) (performance / in attempts to / their athletic / improve).

▶ 운동선수들은 운동 능력을 향상시키기 위해, 역사적으로 다양한 기술과 물질을 실험해 왔습니다.

[1] 다음을 읽고, 물음에 답하시오.

Near an honesty box, ㉠ _____ _____ people placed coffee fund contributions, researchers at Newcastle University in the UK alternately displayed images of eyes and of flowers. Each image was displayed for a week at a time. During all the weeks ㉡ _____ _____ eyes were displayed, bigger contributions were made than during the weeks when flowers were displayed. **(가)** (연구가 이루어진 10주 동안, '눈 주간'의 기부금이 '꽃 주간'의 기부금보다 거의 세 배나 많았다). It was suggested that 'the evolved psychology of cooperation is highly sensitive to subtle cues of ㉢ b_____ w_____,' and that **(나)** (이 연구 결과가 사회적으로 이익이 되는 성과를 내게끔 어떻게 효과적으로 넌지시 권할 것인가를 암시한다).

*nudge: 넌지시 권하기

+ NOTE

alternately 번갈아, 교대로	cooperation 협력	cue 단서, 신호
display 선보이다	subtle 미묘한	

1 관계대명사를 활용하여 ㉠과 ㉡에 공통으로 들어갈 표현을 적으시오.

답 _____

2 아래 영영풀이에 해당하는 단어를 본문에서 찾아 쓰시오.

영영풀이: a gift or payment to a common fund or collection

답 _____

3 괄호 (가)의 우리말을 아래 제시어만을 사용하여 바르게 영작하시오.

제시어
those / contributions / higher / the 'flowers weeks' / over the ten weeks / times / the 'eyes weeks' / than / during / made / during / almost / were / three / the study / of

_____

_____

4 괄호 (나)의 우리말을 아래 제시어만을 사용하여 바르게 영작하시오.

제시어
provide / for / effective / may / beneficial / outcomes / findings / nudges / implications / have / toward / the / to / socially / how

_____

_____

5 빈칸 ⓒ에 들어갈 표현을 적으시오.(단, 제시된 철자로 시작하는 단어를 쓸 것)

ⓒ b_____ w_____

6 아래 조건에 맞게 요지문을 작성하시오.

● 조건 ●
• 5번 문제의 정답 표현인 두 단어를 활용할 것.
• 위 조건의 두 단어와 아래 제시된 단어만을 사용하여 작성할 것.
  behaviour / is / our / hidden / influence / on / a / cooperative
• 빈칸 하나에 한 단어만 쓰고, 추가단어나 어형변화 없음.

요지문: _____ _____ _____ _____ _____

_____ _____ _____ _____

[2] 다음을 읽고, 물음에 답하시오.

Sometimes, you feel the need ㉠ <u>to avoid something that will lead to success</u> out of discomfort. Maybe you are avoiding extra work ㉡ <u>because you are tired</u>. You are actively shutting out success because you want to ㉢ <u>avoid to be uncomfortable</u>. Therefore, (가) (처음에는 불편한 것을 피하고자 하는 당신의 본능을 극복하는 것이 필요하다). ㉣ <u>Try doing</u> new things outside of your comfort zone. Change is always uncomfortable, but it is ㉤ <u>key to do things differently</u> in order to find that magical formula for success.

✛ NOTE 📝

discomfort 불안	instinct 본능
shut out 차단하다	formula 공식

1 ㉠~㉤의 밑줄 친 표현 중 어법상 어색한 것을 **두 개** 골라 바르게 고치시오.

틀린기호 바른 표현

_____ : _____

_____ : _____

2 괄호 (가)의 우리말을 아래 제시어만 사용하여 영작하시오.

제시어
is / instinct / avoid / uncomfortable / at / to / essential / your / first / overcoming / things

_____

3 2번의 문장을 아래와 같이 전환하려고 한다. 빈칸을 채우시오.

= It _____ _____ to _____ _____ _____ _____ _____ _____

_____ at first.

= It _____ _____ that _____ _____ _____ _____ _____ _____

_____ _____ _____ at first.

4 본문의 내용을 한 문장으로 요약하고자 한다. 빈칸 (A), (B)에 들어갈 표현을 적으시오.(단, 각 밑줄 친 빈칸에는 한 단어만 들어가고, stay를 반드시 한 번 사용하여 빈칸을 채울 것)

Overcoming your instinct to (A) _____ _____ is key to (B) _____.

(A) _____ _____

(B) _____

[3] 다음을 읽고, 물음에 답하시오.

Outside of major planetary occurrences such as earthquakes and volcanoes, (가) <u>there are very few events on earth that are not involved in some way with microorganisms or bacteria.</u> (나) ㉠(넓은 영역의 바다를 덮고 있는 일부 해조류는 햇빛을 흡수하고, 그것을 열로 전환시킨다) ㉡ (그것이 우주로 반사되기 전에). Since oceans are the "earth's weather engine," (다) _____. Most multicellular forms of life live in intimate association with a host of microbes. More to the point, (라) (미생물이 어느 정도로든 역할을 하지 않는 인간의 노력은 아마 없을 것이다). It is quite clear that without microbes life on earth could not exist, while people tend to consider microbial activities only in terms of their primary effect on themselves (e.g. diseases) and their commercial enterprises (e.g. wine production).

+ NOTE

planetary 행성 전체의	algae 해조류	a host of 많은
occurrence 사건, 일	intimate 친밀한, 깊은	commercial 상업적
multicellular 다세포의	association 관계, 연계	enterprise 기업, 기업경영

1 밑줄 친 문장 (가)를 같은 의미의 다른 문장으로 재진술 하려고 한다. 빈칸을 채우시오.(반드시 제시된 철자로 시작하는 단어를 쓰되, 두 단어는 본문에 언급된 단어가 아님)

= Microorganisms or bacteria are r_____ to almost every event on earth.

= Microorganisms or bacteria play an important r_____ in almost everything on earth.

2 괄호 (나)의 ㉠과 ㉡의 우리말을 영작하려고 한다. 아래 각각 제시된 단어만을 사용하여 바르게 배열하시오.

㉠ huge / algae / convert / marine / absorb / patches / and / some / ocean / cover / heat / it / routinely / sunlight / into / of / that

_____

_____

㉡ into / can / it / reflected / back / space / before / be

_____

3 문맥상 본문의 빈칸 (다)에 들어갈 내용을 영작하려고 한다. 박스의 안의 제시된 단어를 사용하여 하나의 완결된 문장을 작성하시오.

제시어
> thus / affect / weather / microbes / the

(다) _____ _____ _____ _____ _____

실전편 09회

4 괄호 (라)의 우리말을 아래 제시된 단어만을 사용하여 there로 시작하는 문장으로 영작하시오.

제시어
> microbes / is / human / level / to / which / fail / play / probably / part / some / a / at / in / no / endeavor

there _____

_____

5 본문의 주제를 작성하려고 한다.(반드시 제시된 철자로 시작하는 단어를 쓸 것)

주제: The e_____ of m_____ on e_____

[4] 다음을 읽고, 물음에 답하시오.

(가) <u>Although sports nutrition is a fairly new academic discipline, there have always been recommendations made to athletes about foods that could enhance athletic performance.</u> (나) (고대 그리스의 한 운동선수는 컨디션을 향상하기 위해 말린 무화과를 먹었다고 전해진다). There are reports that marathon runners in the 1908 Olympics drank cognac to improve performance. The teenage running phenomenon, Mary Decker, surprised the sports world in the 1970s when she reported that she ate a plate of spaghetti noodles the night before a race. Such practices may be suggested to athletes because of their real or perceived benefits by individuals who excelled in their sports. Obviously, some of these practices, such as drinking alcohol during a marathon, are no longer recommended, but others, such as a high-carbohydrate meal the night before a competition, (다) <u>still endure to exist.</u>

+ NOTE

discipline (학문의) 분야	athletic 운동의	obviously 분명히, 명백하게
phenomenon 천재	fig 무화과	carbohydrate 탄수화물
nutrition 영양학, 영양	training (경기의) 컨디션	competition 경기, 경쟁
recommendation 충고, 추천	perceive 인식하다	
enhance 향상하다	excel 탁월한 능력을 보이다	

1 밑줄 친 (가)의 문장을 재진술하려고 한다. 아래 조건에 맞게 빈칸에 들어갈 표현을 적으시오.

●조건●
- ㉠: (가) 문장의 enhance 대신 boost를 사용할 것.
- ㉡: be + p.p의 형태를 사용하되 시제에 주의할 것. 본 문장의 단어의 어형변화 있을 수 있음.
- 빈칸 하나에 한 단어를 쓸 것.

= Even though sports nutrition is a relatively new academic field, foods ㉠ _____ _____ _____ _____ _____ have always ㉡ _____ _____ to athletes.

2 괄호 (나)의 우리말을 ⓐ와 ⓑ 두 문장으로 영작하려고 한다. 아래 조건에 맞게 빈칸을 완성하시오.

> • 조건 •
>
> • ⓐ의 경우 아래 제시어를 사용하여 빈칸을 완성하되, 추가단어와 어형변화 있음.
>   제시어 dried / training / report / to / eat / to / figs / enhance
> • ⓑ의 경우 ⓐ의 완성된 문장을 It으로 시작하는 문장으로 다시 쓸 것.

ⓐ One ancient Greek athlete _____

_____

ⓑ It _____

_____

3 아래에 정의되는 표현을 본문에서 찾아 쓰시오.(단, 두 단어로 구성된 표현이며, 제시된 문장의 문맥에 맞게 적을 것)

_____ _____ refers to the perception of the positive consequences that are caused by a specific action.

✔고난도

4 밑줄 친 (다)의 표현을 아래 단어를 활용하여 문맥적 동의어로 표현하시오.(단, 추가단어 있고, 필요 시 단어의 형태를 변형할 것)

time / stand / test

_____ _____ _____ _____ _____ _____

고등영어 서술형
실전편

MAGNUS

내신 서술형 실전 **10**회

01 주어진 문장의 괄호 안의 단어의 순서를 바르게 배열하여 문맥상 자연스러운 흐름이 되도록 만드시오.

1. This design approach (not only / takes into account / recycled materials / of / the use / product creation / in), (considers / of / disposal / but also / the eventual / the product).

> 이 설계 접근 방식은 제품 생성 시 재활용 재료의 사용을 고려할 뿐만 아니라, 제품의 최종 폐기도 고려합니다.

2. The car can (a personal / self-expression / for / space / serve / as) when (watching / is / no / one) and (no one / we know / us / see / will).

> 아무도 보고 있지 않고 아무도 우리를 보지 않을 때, 자동차는 자기 표현을 위한 개인 공간 역할을 할 수 있습니다.

3. Many people prefer (twenty / of / minutes / a minimum commute / at least), which may be explained (a desire / to / by / between / for some time / mentally prepare / or transition / work and home).

> 많은 사람들이 최소 20분의 출퇴근 시간을 선호하는데, 이는 정신적으로 준비하거나 직장과 집 사이를 오가는 데 시간이 필요하기 때문일 수 있습니다.

4. If Bill (a cat / for / a reason / provides / of / his choice), such as cuteness and quietness, he may be (in explaining / his preference / more / but not necessarily / more helpful / credible).

> Bill이 귀여움이나 조용함을 고양이를 선택한 이유로 고른다면, 자신의 선호도를 설명하는 데 더 도움이 될 수 있지만, 반드시 더 신뢰할 수 있는 것은 아닙니다.

5. (to / scents / have / different animals / detect / different abilities), and there are (detect / that / but other animals / can / some smells / humans cannot), and vice versa.

> 동물마다 냄새를 감지하는 능력이 다르며, 몇몇 냄새는 인간은 감지할 수 없지만, 다른 동물은 감지할 수 있는 냄새가 있으며, 그 반대의 경우도 있습니다.

6. (of / the types / scents / detected / by / different species) and (perceived / are / how / they) (on / the animals' / ecological niche / depend).

> 서로 다른 종에 의해 감지되는 냄새의 유형과 인식 방식은 동물의 생태적 지위에 따라 다릅니다.
> * niche 〖생태〗 생태적 지위

7. Each species' response profile (and / of / scent / respond accordingly / relevant sources / detect and locate / to / it / enables).

> 각 종의 반응 프로필을 통해 관련 냄새 소스를 감지하고 위치를 파악하여 그에 따라 반응할 수 있습니다.

02 괄호 안에 제시된 단어를 반드시 사용하여 우리말을 영작하시오.
(단, 문제에 따라 추가단어와 어형변화 있을 수 있음.)

1. (medical settings / improve / of / design) (well-being and healing / process / patients' / impact / can positively).

▶ 개선된 의료 환경 설계는 환자의 웰빙과 치유 과정에 긍정적인 영향을 미칠 수 있습니다.

2. (traffic / in / anonymous) can (have / effects / and alter / drivers' / behaviors / interest).

▶ 트래픽의 익명성은 흥미로운 영향을 미치고 운전자의 행동을 바꿀 수 있습니다.

3. The car can be (and preferred / for people / place / their emotions / express / a private), such as crying.

▶ 자동차는 사람들이 우는 것과 같은 감정을 표현할 수 있는 개인적이고 선호하는 장소가 될 수 있습니다.

4. Drivers may (forget / the presence / a camera / of / about) and (their nose / engage in / pick / various behaviors, / including).

▶ 운전자는 카메라가 있다는 사실을 잊고 코를 후비는 등 다양한 행동을 할 수 있습니다.

5. The person (is unsure / a cat / they should / get / a pet / as / or a dog).

▶ 그 사람은 고양이를 길러야 할지 개를 길러야 할지 확신 하지 못합니다.

6. (to / in / no species / all the molecules / the ability / their environment / has / detect).

▶ 환경에 있는 모든 분자를 감지할 수 있는 종은 없습니다.

7. Individuals may (odors / vary / detect / in their ability / and perceive), as well as (they / find / how / pleasant / them).

▶ 그 냄새를 얼마나 쾌적하게 느끼는가 하는 것 뿐만 아니라 냄새를 감지하고 인식하는 능력은 개인마다 다릅니다.

[1] 다음을 읽고, 물음에 답하시오.

Design can do more than we expect. It can sometimes change the world. Take health care, for example. A growing body of evidence is showing that improving the design of medical setting helps patients get better faster. In a study at Pittsburgh's Hospital, (가) (풍부한 자연광이 드는 병실의 수술 환자들이 진통제를 덜 필요로 했으며, 그들의 약제비용도 전통적인 병실의 환자보다 21퍼센트 더 적었다). Design can also deliver environmental benefits. The green design movement is incorporating the principles of sustainability in the design of consumer goods. (나) (이런 접근법은 재활용 재료로부터 상품들을 만들어낼 뿐만 아니라, 이것은 그것들의 사용은 물론 마지막 처리도 염두에 두고 상품을 디자인한다).

+ NOTE

a body of 많은	deliver 전달하다	sustainability (친환경적) 지속발전
incorporate 포함하다	incorporate 짜 넣다, 혼합하다	가능성
setting 환경		

1 아래 영영풀이에서 정의되는 표현을 본문에서 찾아 제시된 예문의 빈칸에 넣으시오.

영영풀이: a large amount or mass of something, especially something that has been collected

예문) There is now a considerable _____ _____ knowledge of the different stages of childhood.

2 괄호 (가)의 우리말을 아래 제시된 단어만 사용하여 영작하시오.

제시어

rooms / less / counterparts / with / were / in / ample / their / natural light / surgery patients / in / lower / 21 percent / than / traditional / rooms / required / their / drug costs / pain medication

_____

_____, and _____

_____

3 괄호 (나)의 우리말을 아래 조건에 맞게 영작하시오.

> ● 조건 ●
> • 괄호 ㉠과 ㉡에 제시된 단어만을 사용하여 영작할 것.
> • 괄호 ㉡에 해당하는 내용을 영작할 때 with an eye to를 활용할 것.

㉠ (products / recycled / creates / materials / not / this / approach / only / from), but

㉡ (as / designs / with / eye / as / to / it / use / disposal / well / the / their / an / their / also / products / eventual)

㉠ _____

_____

㉡ _____

_____

4 글의 주제를 작성하려고 한다. 아래 조건에 맞게 박스 안의 단어를 사용하여 빈칸을 채우시오.

> ● 조건 ●
> • 박스 안의 제시된 단어를 변형 없이 그대로 사용할 것.
> • 각 빈칸에 한 단어만 사용할 것.

element / consider / design / necessitate / sustainable / beauty / pursue / power / enhance / reduce

주제: Power of _____ to _____ our lives

[2] 다음을 읽고, 물음에 답하시오.

Sometimes (가) a_____ in traffic acts as a powerful drug, with several curious side effects. ㉠ No one is watching and no one we know will see us, and the inside of the car itself becomes a useful place for self-expression. This may explain (나) why most people, given the choice, desire a minimum commute of at least twenty minutes. Drivers desire this lonely "me time"—to sing, to feel like a teenager again, to be temporarily free from the constricted roles of work and home. One study found that the car was a favored place for people to cry about something. According to another study, researchers installed cameras inside of cars to study drivers. They report that after only a short time, drivers will ㉡ "forget the camera" and begin to do all sorts of things, including nose picking.

+ NOTE

side effect 부작용	temporarily 일시적으로	install 설치하다
useful 유용한	constricted 위축된, 답답한	
desire 원하다, 갈망하다	favored 선호되는	

1 글 전체의 내용과 함께 밑줄 친 ㉠의 내용을 참고하여 문맥상 (가)에 들어갈 단어와 밑줄 친 ㉡의 의미를 각각 작성하시오.(단, (가)와 ㉡모두 제시된 철자를 포함해서 총 9개의 철자로 구성된 단어임)

(가) a _ _ _ _ _ _ _ _

㉡ "forget the camera" = become a_____

2 밑줄 친 (나)의 <u>문맥적 의미</u>를 작성하려고 한다. 빈칸에 들어갈 단어를 적으시오.(단, 제시된 철자로 시작하는 단어를 쓸 것)

문맥적 의미: people may not like commutes that are t_____ s_____

3 본문의 요지문을 작성하려고 한다. 아래 조건에 맞게 <u>박스 안의 단어만을 그대로</u> 사용하여 요지문의 빈칸을 채우시오.

solitude	useful	compelled	company
anonymous	desirable	free	comfort
curious	reluctant	constriced	forgettable

Drivers tend to seek (A) _____ in their own car, where they feel (B) _____ to express themselves.

[3] 다음을 읽고, 물음에 답하시오.

We can simply state our beliefs, or we can tell stories that illustrate them. For example, if John tells Bill that he is confused about ㉠ (애완동물로 고양이를 길러야 할지 아니면 개를 길러야 할지), and if Bill responds "A cat," ㉡ (그의 대답은 대개 쓸모없는 조언으로 여겨질 것이다). We need justifications for the beliefs of others before we can begin to believe them ourselves. If Bill responds, "A cat is good, because the cat is cute and quiet," he is being more helpful but not necessarily more believable. But if Bill responds with a story about ㉢ (자기가 겪었거나 들은 비슷한 상황) and how the choice was made in that case and how it worked out, John is likely to be quite interested and to ㉣ (그 이야기에 의해 제공되는 조언을 진지하게 여기다).

✚ NOTE 📝

state 말하다	justification 정당하다고 규정함,	in that case 그 경우에
illustrate 설명하다, 예증(例證)하다	정당성을 증명함	work out 결국 ~이 되다
respond 답변하다	necessarily 필연적으로	

1 괄호 ㉠ ~ ㉣에 해당하는 우리말을 아래 제시된 단어만을 사용하여 바르게 배열하여 영작하시오.

㉠ a / as / whether / pet / a / dog / a / or / should / he / cat / keep

_____

㉡ be / usually / his / as / seen / would / reply / useless / advice

_____

㉢ in / a / was / that / situation / similar / heard / he / he / or / about / that

_____

㉣ story / take / the / to / by / advice / the / more / offered / heart

_____

2 본문의 요지를 작성하려고 한다. 아래 조건에 맞게 박스 안의 단어만을 사용하여 요지문의 빈칸을 채우시오.

● 조건 ●
• 단어는 중복되어 사용하지 않음.
• 빈칸에 한 단어만 쓸 것.

gestures	imaginative	gestures
reason	images	persuasive
stories	responsive	

We are more (A) _____ when we express ourselves through (B) _____.

[4] 다음을 읽고, 물음에 답하시오.

Each species of animals can detect ㉠ <u>a different range of odours</u>. No species can detect all the molecules that are present in ㉡ <u>the environment in which</u> it lives — there are some things that we cannot smell ㉢ <u>but which</u> some other animals can, and vice versa. There are also differences between individuals, relating to the ability to smell an odour, or how pleasant it seems. (가) <u>For example, some people like the taste of coriander — known as cilantro in the USA — while others find it soapy and unpleasant.</u> This effect has an underlying genetic component ㉣ <u>due to</u> differences in the genes controlling our sense of smell. Ultimately, the selection of scents ㉤ <u>detecting by</u> a given species, and how that odour is perceived, will depend upon the animal's ecology. The response profile of each species will ㉥ <u>enable them to locate</u> sources of smell that are relevant to it and to respond accordingly.

✛ NOTE 📝

species 종	coriander 고수	component 구성요소
a range of ~ 범주의	soapy 비누 같은[질(質)의]; 비누투성	ecology 생태환경
molecule 분자	이의; 미끄러운	relevant 관련된

1 글의 주제를 작성하려고 한다. 제시된 철자로 시작하는 빈칸에 들어갈 단어를 써넣으시오.

주제: What c_____ differences in o_____ perception between species and individuals

2 ㉠~㉥ 중 어법 상 어색한 것을 **두 개** 찾고, 해당 부분을 바르게 고치시오.

기호	틀린 표현		바른 표현
_____ :	_____	→	_____
_____ :	_____	→	_____

3 본문의 밑줄 (가)의 내용에 대한 설명이다. 빈칸에 들어갈 단어를 본문에서 찾아 쓰시오.(단, 필요시 단어의 형태를 변형할 것)

The underlined example illustrates that the way people react differently even to the same smell depends on _____ _____

MAGNUS
서술형 시리즈

고등영어 서술형
실전편

MAGNUS

내신 서술형 실전 **11**회

WARM UP

01 주어진 문장의 괄호 안의 단어의 순서를 바르게 배열하여 문맥상 자연스러운 흐름이 되도록 만드시오.

1. (someone / to / say / if / were) "Life is a cup of coffee," it is unlikely that (this / have / you / expression / would / heard / before).

▶ 누군가 "인생은 한 잔의 커피와도 같다"고 말한다면, 당신은 이 말을 전에 들어본적이 없을 가능성이 높다.

2. (familiar / only after / wears off / and / its novelty / becomes / the expression) (a new conceptual metaphor / for / the basis / become / it / does), such as "life is a drinking substance."

▶ 표현이 익숙해지고 새로움이 사라진 후에야 "인생은 술이다"와 같은 새로운 개념적 은유의 근거가 된다.

3. (over time / behavior / the complexity / a man's / of) is mainly (his environment / a reflection / of / the complexity / of).

▶ 시간이 지남에 따라 사람 행동의 복잡성은 주로 환경의 복잡성을 반영합니다.

4. (while / is / with / commonly associated / complex behavior / mental processes / complex), (such behavior / to fully understand / it / important / environmental factors / to also consider / is).

▶ 복잡한 행동은 일반적으로 복잡한 정신 과정과 연관되어 있지만, 그러한 행동을 완전히 이해하기 위해서는 환경적 요인도 고려하는 것이 중요합니다.

5. (species / keystone / a / removing) reveals (have / on it / or / that / other species / significant impact / the dependency).

▶ 핵심 종을 제거하는 것은 다른 종이 그것에 가지는 의존성 또는 그것에 미치는 중대한 영향을 드러냅니다.

6. (fig trees / conserving / tropical rainforest / in / ecosystems) is (other vertebrates / monkeys, birds, / of / the survival / crucial for / bats, and).

▶ 열대우림 생태계에서 무화과 나무를 보존하는 것은 원숭이, 새, 박쥐 및 기타 척추동물의 생존에 매우 중요합니다.

7. If you were a butterfly, (to / which / attracted / more / be / would / you): a flower with more or less color?

▶ 당신이 나비라면 어떤 꽃에 더 끌리겠습니까?: 색이 많은 꽃 또는 색이 적은 꽃

괄호 안에 제시된 단어를 반드시 사용하여 우리말을 영작하시오.
(단, 문제에 따라 추가단어와 어형변화 있을 수 있음.)

1. (start / the metaphor / life / thinking of / compel / you) in terms of the kinds of physical, social, and other attributes (that / a / coffee / are / of / cup / associated).

▶ 그 은유는 너의 인생에 있어 신체적, 사회적, 그리고 다른 분야에 대해 커피 한잔과 연관 지어 생각하게 만든다.

2. (have / we / overlooked) is the ant's environment.

▶ 우리가 간과하는 것은 개미의 환경이다.

3. (much as / gelatin / does / their environments / people / adapt).

▶ 사람들은 젤라틴과 매우 비슷 하게 자신의 환경에 적응한다.

4. If you wish to know (what form / will / it / when it / have / solidify), study the shape of the mold (hold / gelatin / the / that).

▶ 만약 젤라틴이 굳어질 때에 어 떤 모양이 될 것인지 알고 싶다 면, 젤라틴을 담는 틀의 모양 을 살펴보라.

5. (the fig trees / disappear / should), (would be / the fruit-eating / eliminate / vertebrates / most of).

▶ 무화과나무가 사라지면, 과실 을 먹는 척추동물들이 대부분 제거될 것이다.

6. It is almost (the insects / to / waving / are / the flowers / as if), saying, "Welcome. Come here and have a drink."

▶ 마치 그 꽃들이 곤충들에게 손 을 흔들면서 "환영해요. 이리 와서 과즙 한잔하세요." 라고 말하는 것과 같다.

7. Along with this interesting finding, scientists have also concluded that, (their greater / motion / of / range / due to), (stalks / long, thin / more insects / flowers / with / attract).

▶ 이 놀라운 발견과 함께, 과학 자들은 그 꽃들의 넓은 활동 범위 때문에, 길고 가는 줄기 의 꽃들은 더 많은 곤충들을 끌어들인다고 결론지었다.

[1] 다음을 읽고, 물음에 답하시오.

If someone were to say "Life is a cup of coffee," ㉠ it is unlikely that you would have heard this expression before. But its ㉡ n_____ forces you to think about its meaning. **(가)** The vehicle used is a common object of everyday life and therefore easily perceivable as a source for thinking about that life. **(나)** (이 은유는 커피 한 잔과 관련된 물리적, 사회적 및 기타 속성 측면에서 삶을 생각하기 시작하도록 강요합니다.) **(다)** (이 은유가 통용되기 위해서는), however, it must capture the fancy of many other people for a period of time. **(라)** Then and only then will its originality has become worn out and will it become the basis for a new conceptual metaphor: life is a drinking substance. After that, expressions such as "life is a cup of tea, life is a bottle of beer, life is a glass of milk," will become similarly understandable as offering different perspectives on life.

+ NOTE

perceivable 지각할 수 있는	capture 붙잡다. 획득하다	give birth to ~을 낳다;
metaphor 은유	basis 기초. 기본원리	…을 생겨나게 하다
compel 억지로 ~시키다	conceptual 개념상의	sincerity 성실, 진실
attribute 특성. 상징	initially 처음에	popularity 인기

1 밑줄 친 ㉠을 참고하여 빈칸 ㉡에 들어갈 단어를 써넣으시오.(단, n으로 시작하는 총 7철자의 단어임)

n _ _ _ _ _ _

2 밑줄 친 (가)가 지칭하는 대상을 쓰시오.

답 _____

3 괄호 (나)와 (다)의 우리말을 아래 제시된 단어만을 사용하여 영작하시오.(단, 형용사 병치에서 반드시 코마를 두 개 사용하여 표현할 것)

제시어

coffee / cup / attributes / social / other / thinking / start / life / associated with / to / compels / and / physical / of / the metaphor / a / in terms of / that / you / of / are

(나) _____

_____

제시어

for / currency / gain / this / metaphor / to

(다) _____

4 밑줄 친 (라)의 문장에서 어법 상 틀린 부분을 바르게 고친 전체 문장을 다시 쓰시오.

_____

_____

5 본문의 요지를 작성하려고 한다. 아래 조건에 맞게 박스 안의 단어를 사용하여 요지문의 빈칸을 채우시오.

●조건●
- 단어는 중복되어 사용하지 않고, 빈칸에 한 단어만 쓸 것.
- 필요 시 문맥에 맞게 제시된 단어의 어형을 변형할 것.
- 추가 단어 있음.

birth	depart	give
associate	popular	original
reflect	morality	
sincerity	expand	

A new metaphor initially makes people (A) _____ _____ its meaning; if it loses its (B) _____ later by gaining (C) _____, it will (D) _____ _____ _____ similar types of metaphorical expressions.

(A): _____ _____   (B): _____

(C): _____   (D): _____ _____ _____

실전편

11
회

[2] 다음을 읽고, 물음에 답하시오.

An ant turns right, left, and moves ahead over a sandy hill. How can we explain the complexity of the path it chose? We can think up a sophisticated program in the ant's brain, but it does not work. (가) (우리가 간과해 온 것은 개미의 환경이다). The ant may be following a simple rule: get out of the sun and back to the nest. Complex behavior does not imply complex mental strategies. The same holds for humans. The apparent complexity of a man's behavior over time is largely (나) (인간이 처한 환경의 복잡성을 반영). (다) People adapt to their environments much as gelatin are; (라) if you wish to know what form it will have when it solidifies, study the shape of the mold that holds the gelatin. To understand behavior, one has to look at both (마) the mind and the environment.

+ NOTE

complexity 복잡성	strategy 전략, 계획	mold 틀, 거푸집
sophisticated 정교한, 복잡한	gelatin 젤라틴, 정제한 아교	
overlook 간과하다, 못 보고 넘어가다	solidify 굳어지다	

1 괄호 (가)의 우리말을 아래 제시된 단어를 활용하여 영작하시오.(단, 추가 단어와 어형변화 있음)

제시어
overlook / the ant's / environment / we

2 괄호 (나)의 우리말을 아래 제시된 단어만을 활용하여 영작하시오.

제시어
complexity / in / which / the / of / of / the / finds / he / reflection / environment / a / himself

3 밑줄 친 (다)에서 문법적으로 어색한 부분을 파악하고, 전체 문장을 바르게 다시 작성하시오.

4 밑줄 친 (라)의 문장을 통해서 글쓴이가 강조하려는 내용을 우리말로 적으시오.

_____

5 본문의 요지를 작성하려고 한다. 아래 조건에 맞게 박스 안의 단어만을 사용하여 요지문의 빈칸을 채우시오.

> ━━━━━━━━━━━━━━━━━━━━━━● 조건 ●━
> • 단어는 중복되어 사용하지 않음.
> • 빈칸에 한 단어만 쓸 것.

sophisticated	possess	replace
genetic	identify	environmental
mental	complete	associate
disperse	psychological	prosperous

Although we tend to (A) _____ complex behavior with complex (B) _____ operations, (C) _____ factors need to be considered as well for a better understanding of such behavior.

(A) _____

(B) _____

(C) _____

6 본문에서 도입부에서 언급된 개미의 비유에서 밑줄 친 (마)의 the mind와 같은 의미로 사용한 한 단어를 쓰시오.

답 _____

[3] 다음을 읽고, 물음에 답하시오.

Certain species are more crucial to the maintenance of their ecosystem than others. Such species, called keystone species, are vital in determining the nature and structure of the entire ecosystem. (가) (다른 종들이 핵심종에 의존하거나 크게 영향을 받는다는 사실은 핵심종이 제거되었을 때 드러난다). (나) (바로 **이런 관점에서** 우리는 무화과나무에 주의를 기울여야 한다). Different species of fig trees may be keystone species in tropical rain forests. Although figs collectively produce a continuous crop of fruits, fruit-eating monkeys, birds, bats, and other vertebrates of the forest do not normally consume large quantities of figs in their diets. During the time of year when other fruits are less plentiful, however, fig trees become important in sustaining fruit-eating vertebrates. (다) (무화과나무가 사라지면 과실을 먹는 척추동물들이 대부분 제거될 것이다). Protecting fig trees in such tropical rainforest ecosystems is an important conservation goal because it increases the likelihood that monkeys, birds, bats, and other vertebrates will s_____.

✚ NOTE

crucial 결정적인, 중대한	reveal 드러내다	poisonous 독이 있는
maintenance 유지	crop 수확; 곡물	purify 정화하다
ecosystem 생태계	sustain 먹여 살리다, 부양하다	reshape 모양을 새로 만들다
keystone species 핵심종	eliminate 제거하다, 없애다	abundant 풍부한
vital 매우 중요한	conservation 보존	vertebrate 척추동물
determine 결정하다	likelihood 가능성	fig 무화과
structure 구조		

1 아래 조건에 맞게 괄호 (가)의 우리말을 영작하시오.

━━━━━━━━━━━━━━━━━━━━━━● 조건 ●━
• The fact that S V의 구조를 사용할 것.
• 아래 제시된 단어만 그대로 사용할 것.

> 제시어
>
> the keystone species / other species / removed / is / revealed / greatly / by / the fact / that / the keystone species / or are / on / affected / when / depend / is

_____

_____

2 괄호 (나)의 우리말을 아래 조건에 맞게 영작하시오.

● 조건 ●
- 괄호 안의 밑줄 친 우리말에 해당하는 표현을 **강조하는 구문**으로 쓸 것.
- 아래 제시된 단어만 그대로 사용할 것.

제시어

draw / we / that / should / trees / this / in / is / attention / to / fig / It / sense

_____

3 괄호 (다)의 우리말을 아래 조건에 맞게 영작하시오.

● 조건 ●
- 가정법 도치구문을 이용할 것.
- 아래 제시된 단어만 그대로 사용하고, 각 빈칸에 한 단어만 넣을 것.

제시어

of / eliminated / should / most / fruit-eating / would / the / disappear / vertebrates / be / the / fig / trees

_____ _____ _____ _____ _____, _____ _____
_____ _____ _____ _____ _____.

11
회

4 본문에 언급된 생태계 내의 keystone species의 기능을 고려할 때 본문 마지막 빈칸에 들어갈 단어와 동의 표현을 작성하려고 한다. 조건에 맞춰 빈칸을 채워 넣으시오.(단, s로 시작하는 단어는 총 7개의 철자이고, e로 시작하는 단어는 총 10개의 철자로 된 단어임)

s _ _ _ _ _ _

= will be protected from e _ _ _ _ _ _ _ _ _

5 본문의 요지를 작성하려고 한다. 아래 조건에 맞게 박스 안의 단어를 사용하여 요지문의 빈칸을 채우시오.

━━━━━━━━━━━━━━━━━━━━━━━━━━━ ● 조건 ●━
- 단어는 중복되어 사용하지 않음.
- 빈칸에 한 단어만 쓸 것.

create	copious	elucidate
eliminate	poisonous	preserve
support	reshape	collective
insufficient	abundant	
purify	clean	

As a keystone species in tropical rain forests, fig trees (A) _____ fruit-eating animals'

survival when other fruits are (B) _____, and thus (C) _____ their ecosystem.

(가) (당신이 나비라면, 더 화려한 꽃에 끌릴까요? 아니면 소소한 꽃에 끌릴까요?) Most of you would probably prefer the more colorful option. The same is true for (나) <u>bees and butterflies</u>. For years, biologists have known that flowers use striking colors, scents, elaborately shaped petals, and nectar to attract bees and butterflies. Recent studies, however, reveal another powerful tool of attraction used by flowers: moving in the wind. Scientists have discovered that (다) m_____e flowers are visited more often by pollinating insects than their more static (라) <u>counterparts</u>. It is almost as if the flowers are waving to the insects, saying, "Welcome. Come here and have a drink." Along with this interesting finding, scientists have also concluded that, due to their greater range of motion, flowers with long, thin stalks attract more insects.

+ NOTE

elaborately 정교하게, 공들여	**attract** 유혹하다, 끌어 당기다	**wave** 손을 흔들다,
striking 현저한, 멋있는	**static** 정적인	손을 흔들어 신호하다
petal 꽃잎	**counterparts** 상대쪽	**stalks** 줄기

1 괄호 (가)의 우리말을 아래 제시된 단어를 사용하여 영작하시오.(단, 추가단어와 제시된 동사의 어형 변화 있으며, 각 빈칸에 한 단어만 넣을 것)

제시어
attract, would, one, colorful, less

_____ _____ _____ _____ _____, _____ _____ _____

_____ _____ _____ _____ _____ _____ _____ _____

_____ _____ _____ .

✔고난도

2 밑줄 친 (나)를 지칭하는 용어를 쓰려고 한다. 본문에 쓰인 단어를 찾아 쓰되, 문맥에 맞게 빈칸에 써넣으시오.

They are called p _ _ _ _ _ _ _ _ _ _ .

3 문맥 상 (다)의 빈칸에 들어갈 단어를 쓰시오.(단, m로 시작하고 e로 끝나는 총 6개의 철자로 된 단어임)

답 m _ _ _ _ e

4 밑줄 친 (라)에 해당하는 대상을 본문에서 찾아 쓰시오.

답 _____

5 글의 요지를 작성하려고 한다. 괄호 안의 제시된 단어만을 바르게 배열하여 요지문을 작성하시오.

제시어
(an / draw / insect's / attention / to), (themselves / by / their / advertise / flowers / moving / stalks)

_____, _____

_____

고등영어 서술형
실전편

MAGNUS

내신 서술형 실전 **12**회

WARM UP

01 주어진 문장의 괄호 안의 단어의 순서를 바르게 배열하여 문맥상 자연스러운 흐름이 되도록 만드시오.

1. (of / growing number / a / young adults) are choosing to (consuming / meat, poultry, / avoid / and fish), indicating (in mainstream / vegetarianism / the popularity / a rise in / of / society).

> ▶ 육류, 가금류, 생선 섭취를 거부하는 젊은 성인의 수가 증가하고 있으며, 이는 주류 사회에서 채식주의의 인기가 높아지고 있음을 나타냅니다.

2. Many teenagers (eating / meat / against / a form / the inhumane conditions / stop / as / of protest) (food / the majority / raised for / endure / of animals / that).

> ▶ 많은 십대들이 식량을 위해 사육되는 대부분의 동물들이 견디는 비인간적인 조건에 대한 항의의 한 형태로 육식을 중단합니다.

3. Our unfulfilled aspirations and fears of the unknown (can become / act as / who / we / and / our potential / on / limitations).

> ▶ 미지의 것에 대한 우리의 성취되지 않은 열망과 두려움은 우리의 잠재력과 우리가 될 수 있는 사람에 대한 제한으로 작용합니다.

4. (closely / related / fear and anxiety / are / emotions) that prevent us (from / bring / us / that / actions / pursuing / would / happiness).

> ▶ 두려움과 불안은 우리에게 행복을 가져다 줄 행동을 추구하지 못하게 하는 밀접한 관련이 있는 감정입니다.

5. (our desires / ourselves / of / despite / to be / the best / version), we often (the necessary / to / achieve / fail to / steps / take / our goals).

> ▶ 최고의 모습이 되고자 하는 열망에도 불구하고, 우리는 목표를 달성하는 데 필요한 단계를 밟지 못하는 경우가 많습니다.

6. You will (a list of / to / from / choose / with / be presented / search engines), (tailored / research project / your / are / which / to / suit).

> ▶ 당신은 연구 프로젝트에 맞게 조정된 검색 엔진 목록을 제공받을 것입니다.

7. (world / despite / and more predictable / a considerably safer / living / than / our ancestors / in), we (conditioned / to perceive / ourselves / vulnerable beings / have been / as / a dangerous environment / in).

> ▶ 우리 조상보다 훨씬 더 안전하고 예측 가능한 세상에 살고 있음에도 불구하고, 우리는 위험한 환경에서 자신을 취약한 존재로 인식하도록 길들여져 왔습니다.

괄호 안에 제시된 단어를 반드시 사용하여 우리말을 영작하시오.
(단, 문제에 따라 추가단어와 어형변화 있을 수 있음.)

1. Young adults (diets / health concerns / for reasons / other than / change / their / just).

▶ 젊은 성인들은 <u>단순한 건강 문제가 아닌 다른 이유로 식단을 변경합니다.</u>

2. We often (fail / the promises / keep / make / to ourselves / we).

▶ 우리는 종종 <u>우리 자신에게 한 약속을</u> 지키지 못합니다.

3. (to / difficult / the methods / attain / are not / find / our goals).

▶ <u>우리의 목표를 달성하는 방법은 찾기 어렵지 않습니다.</u>

4. An index is (particular information / help / locate / users / a tool / designed to) within a collection of internet sites.

▶ 색인은 <u>사용자가</u> 인터넷 사이트 모음 내에서 <u>특정 정보를 찾는 데 도움이 되도록 설계된 도구입니다.</u>

5. It's important (mind / to / in / keep) that (has / search engine / no single / all available websites / access).

▶ <u>단일 검색 엔진이 사용 가능한 모든 웹사이트에 액세스할 수 없다는 점을 명심하는 것이</u> 중요합니다.

6. (their narratives / they / utilized / if / and requests / fear / in), (grab / they / attention / our / could).

▶ <u>그들의 이야기와 요청에 두려움을 활용한다면, 우리의 관심을 끌 수 있을 것이다.</u>

7. Fear is (ignore or manage / an emotion / is / to / that / difficult).

▶ 두려움은 <u>무시하거나 관리하기 어려운 감정입니다.</u>

[1] 다음을 읽고, 물음에 답하시오.

Vegetarian eating is moving into the mainstream as more and more young adults say no to meat, poultry, and fish. According to the American Dietetic Association, "approximately planned vegetarian diets are healthful, are nutritionally adequate, and provide health benefits (가) <u>in the prevention and treatment of certain diseases.</u>" But (나) (건강에 대한 염려들이 젊은이들이 그들의 식단을 바꾸려 제시하는 유일한 이유는 아니다). Some make the choice out of concern for animal rights. (다) <u>When faced</u> with the statistics that show the majority of animals raised as food live in confinement, many teens give up meat to protest those conditions. Others turn to vegetarianism to support the environment. Meat production uses vast amounts of water, land, grain, and energy and creates problems with animal waste and resulting pollution.

* poultry: 가금류(닭·오리·거위 등)

+ NOTE

vegetarian eating 채식	nutritionally 영양적으로	raise 기르다
mainstream 본류, 주류	adequate 적절한	in confinement 가두어서, 갇힌 채
poultry 가금(家禽); 새[닭]고기	prevention 예방	concern 관심, 염려
approximately 대략적으로	treatment 치료	resulting 결과로 초래되는

1 밑줄 친 (가)를 같은 의미의 다른 표현으로 작성하려고 한다.

● 조건 ●
• 원문의 표현을 활용하되, 단어를 변형하여 표현할 할 것.
• 각 빈칸에는 한 단어만 쓸 것.

(가) in the prevention and treatment of certain diseases

= in _____ _____ _____ _____ _____

2 (나)의 우리말을 아래 <u>조건에 맞춰</u> 영작하시오.

> ● 조건 ●
> • the reason that S V의 관계대명사 구문을 활용할 것.
> • 빈칸에 한 단어만 쓰고, 제시된 단어만을 사용할 것.

> 제시어
> health / diets / young / changing / adults / give / for / their / the / concerns
> / are / only / reason / not / that

_____

_____

3 밑줄 친 (다)에서 생략된 표현을 포함해서 다시 작성하시오.(총 4단어로 구성된 표현임)

_____ _____ _____ _____

4 본문에 제시된 <u>채식의 장점</u>을 작성하려고 한다. 아래 조건에 맞게 빈칸에 들어갈 표현을 넣으시오.

> ● 조건 ●
> • ㉠: h로 시작하는 단어를 본문에서 찾아 쓸 것.
> • ㉡: 본문에 언급된 **두 번째 이유**에 해당하는 내용을 참고하여 a와 w로 시작하는 두 단어로 된 표현을 쓸 것.
> • ㉢: vast의 동의표현에 해당하는 단어이고, 총 9철자로 된 단어임.

Some people become vegetarians for many reasons, including ㉠ h_____, concerns about ㉡ a_____ w_____ or a desire to eat in a way that avoids ㉢ e_____ use of environmental resources.

㉠ h_____   ㉡ a_____ w_____   ㉢ e_____

5 본문의 주제를 작성하려고 한다. 박스 안의 단어를 활용하여 빈칸을 채워 주제를 완성하시오.(단, 추가단어, 단어의 어형변화 없음)

people	maintain	habits
popularity	plant-based	risk
lower	disadvantage	young
vegetarian	cancer	diets

주제: _____ of _____ _____ among _____ _____

[2] 다음을 읽고, 물음에 답하시오.

When we think about loss of freedom, (가) (우리는 우리가 자발적으로 우리의 삶에 강제를 부과하는 방식에 좀처럼 초점을 맞추지 않는다). (나) <u>Everything we are afraid to try, all our unfulfilled dreams, constitutes a limitation on what we are and could become</u>. So much of our lives consists of broken promises to ourselves. The things we long to do --- educate ourselves, become successful in our work, fall in love --- are goals shared by all. Nor are the means to achieve these things _____. (다) <u>And yet we often do not do what is necessary to become the people we want to be</u>.

✚ NOTE 📝

voluntarily 자발적으로	keep A from -ing A에게 -ing를 못하게 하다
impose 부과하다, 의무를 지우다	keep A -ing A에게 계속 -ing 하게 하다
constraint 강제, 구속, 억제	consist of -로 구성되다
unfulfilled 이행하지 못한, 실현되지 못한	long to+R -하기를 간절히 원하다
constitute 구성하다	means 수단, 방법, 재산
anxiety 걱정	obscure 불분명한

1 괄호 (가)의 우리말을 아래 조건에 맞게 영작하시오.

● 조건 ●

• the ways in which S V의 구문을 활용할 것.
• 아래 제시어만을 사용할 것.
제시어 in / the / constraints / lives / we / we / our / on / focus / which / ways / impose / on / voluntarily / seldom

_____

_____

2 본문의 빈칸을 채우려고 한다. 괄호 안에 제시된 단어의 바른 형태를 쓰시오.

(obscure)

📣 답 _____

3 본문의 밑줄 친 문장 (나)와 (다)의 내용과 일치하도록 빈칸에 들어갈 단어를 채워 넣으시오.(단, <u>keep</u>과 <u>do</u> 동사를 반드시 활용할 것)

Usually it is fear and its close cousin, anxiety, that _____ _____ _____ _____ those things that would make us happy.

답 _____ _____ _____ _____

[3] 다음을 읽고, 물음에 답하시오.

Use the best search engines you can to locate information. (가) A search engine is a searchable database of Web sites collected by a computer program. An index is created to enable searchers to find specific information from that collection of Internet sites. A complete list of search engines and Web directories is found at http://www.allfindengines.com/. (나) This will give you a list of search services. You can select the search engine that fits your research project from the list. Remember, however, that (다) not a single search engine contains all the available sites. Even the largest search engine probably contains only about 15 percent of the Web's available documents.

+ NOTE

locate ~의 위치[장소]를 알아내다, 찾아내다   select 선택하다
specific 특정한

1 밑줄 친 (가)의 두 문장의 내용과 일치하도록 아래 문장에 들어갈 단어를 **본문에서** 찾아 쓰시오.

Computer programs collect and _____ Web sites into a searchable database.

답 _____

2 밑줄 친 (나)의 두 문장을 아래 조건에 맞게 한 문장으로 작성하시오.

● 조건 ●
• [전치사 + 관계대명사]의 구문을 활용할 것.
• 빈칸에 각 한 단어만 사용할 것.

_____ _____ _____ _____ _____ _____ _____

_____ _____ _____ _____ _____ _____ _____

_____ _____ _____ _____ _____ _____ .

3 2번 문장의 재진술 문장을 작성하려고 한다. 아래 제시된 철자로 시작하는 단어를 쓰시오.(단, ㉠, ㉡, ㉢에 들어갈 단어는 각각 총 네 개, 여덟 개, 두 개의 철자로 구성된 단어임)

In this way, you will be able to ㉠ p_____ the search engine that is most ㉡ s_____ ㉢ t_____ your research project from a list of search services.

㉠ _____

㉡ _____

㉢ _____

4 밑줄 친 (다)를 There구문으로 시작하는 문장으로 바꾸려고 한다. 빈칸을 채우시오.

(다) not a single search engine contains all the available sites.

= There is no _____.

[4] 다음을 읽고, 물음에 답하시오.

In the nineteenth century, a decisive moment occurred when people in advertising and journalism discovered that if they framed their stories and appeals with fear, they could capture our attention. (가) (그것은 우리가 저항하거나 조절하기 어려운 감정이다), and so they constantly shifted our focus to new possible sources of anxiety: the latest health scare, the new crime wave, and endless hazards in the environment (나) (우리가 인식하지 않았던). With the increasing sophistication of the media and the haunting quality of the imagery, they have been able to give us the feeling that we are fragile creatures in an environment full of danger — even though we live in a world infinitely ____ and more predictable than anything our ancestors knew. With their help, our anxieties have only increased.

+ NOTE

decisive 결정적인	shift 이동하다, 바꾸다	haunting 뇌리를 떠나지 않는
frame 만들다	scare 불안, 공포	fragile 연약한
appeal 매력	wave 급증, 고조	

✔ 고난도

1 괄호 (가)의 우리말을 아래 조건에 맞게 영작하시오.

● 조건 ●
• 관계대명사의 생략과 5형식 구문을 가지는 find 동사를 활용 할 것.
• 아래 단어를 한 번씩만 활용하고, 추가 단어 있음.
resist / emotion / control / it / hard

_____

2 괄호 (나)의 우리말을 아래 조건에 맞게 영작하시오.

● 조건 ●
• [전치사 + 관계대명사]의 구문을 활용할 것.
• 아래 단어를 한 번씩만 활용하고, 추가 단어 있음.
not / we / aware / were

_____

3 아래 영영풀이로 정의되는 한 단어를 본문에서 찾아 쓰시오.

영영풀이: often recurring to the mind; not easily forgotten

답 _____

4 본문의 내용에 비추어 다음 빈칸에 들어갈 표현을 적으시오.(단, how와 fragile을 사용하여 문맥에 맞게 작성 할 것)

As media sophistication increases and imagery becomes more haunting and powerful, we are given the impression of _____ _____ _____ _____ in a dangerous environment.

5 문맥 상 빈칸에 들어갈 단어를 써 넣으시오.

답 _____

실전편 12회

6 본문의 주제를 작성하려고 한다. 아래 박스 안의 단어를 사용하여 빈칸을 채우시오.(단, 필요시 문맥에 맞게 단어의 형태를 변형할 것)

exploit	advertise	attention
various	journalism	sophisticate
source	fragile	predict
crisis	anxieties	infinite

주제: The media's _____ of human _____

고등영어 서술형
실전편

내신 서술형 실전 **13**회

WARM UP

01 주어진 문장의 괄호 안의 단어의 순서를 바르게 배열하여 문맥상 자연스러운 흐름이 되도록 만드시오.

1. Even when they are no longer beneficial or healthy, (can / abandon / challenging / ingrained habits / be / to).

   ▶ 더 이상 유익하지 않거나 건강하지 않은 경우에도, 뿌리깊은 습관을 버리기가 어려울 수 있습니다.

2. (personal / fear / can / growth and progress / hinder) by preventing individuals (taking / risks / outside / and / their comfort zones / from / stepping).

   ▶ 개인이 위험을 감수하고 안전지대를 벗어나지 못하도록 함으로써, 두려움은 개인의 성장과 발전을 방해할 수 있습니다.

3. Individuals may (remain / in / unsatisfying / choose / jobs or relationships / to) because (the fear / of / in / the unknown / a negative situation / than / the fear / of / is / staying / greater).

   ▶ 미지의 것에 대한 두려움이 부정적인 상황에 머무르는 것에 대한 두려움보다 더 크기 때문에 개인은 불만족스러운 직업이나 관계에 남아 있기로 선택할 수 있습니다.

4. The destruction of large habitats not only (species / the loss / in / of / local / results) but also (land / to survive / rely on / of / that / vast expanses / those species / endangers).

   ▶ 넓은 서식지의 파괴는 지역 종의 손실을 초래할 뿐만 아니라, 생존을 위해 광활한 땅에 의존하는 종들을 위험에 빠뜨립니다.

5. (to / rivers / the attempt / into / regular shapes / manipulate) has been disastrous, (the relationship / function / the detrimental impact / demonstrating / disregarding / of / between / form / and).

   ▶ 하천을 규칙적인 형태로 조작하려는 시도는 참담했으며, 형태와 기능 간의 관계를 무시한 결과가 얼마나 해로운지 보여줍니다.

6. (being / modernized / despite), the indigenous people of the Arctic region (sustain / still / hunting and gathering / themselves / traditional / rely on / practices / to), and (into / developed / civilization / have / a fully-fledged).

   ▶ 현대화에도 불구하고, 북극지방의 원주민들은 여전히 전통적인 수렵채취에 의존하여 생존하고 있으며, 완전한 문명으로 발전해 왔다.

7. (while / foraging / some societies / farming / have transitioned / from / to), it is not necessarily (society / should / every / that / follow / a model).

   ▶ 일부 사회는 채집에서 농업으로 전환했지만, 모든 사회가 반드시 따라야 할 모델은 아닙니다.

02 괄호 안에 제시된 단어를 반드시 사용하여 우리말을 영작하시오.
(단, 문제에 따라 추가단어와 어형변화 있을 수 있음.)

1. The need for survival is (changes / a natural force / hinder / can / the ability / that / make).

▶ 생존의 필요성은 변화를 만드는 능력을 방해할 수 있는 자연스러운 힘입니다.

2. (in / necessary / consistent patterns / chaos / our lives / for / preventing).

▶ 우리 삶의 혼란을 방지하기 위해서는 일관된 패턴이 필요합니다.

3. The term "habitat diversity" (organisms / can exist / the range / where / of / refer to / environments / living).

▶ 서식지 다양성이란 생물이 존재할 수 있는 환경의 범위를 지칭한다.

4. Every habitat (a multitude of / as / serves / to / a home / species), (their survival / with / that habitat / many of them / for / rely on).

▶ 모든 서식지는 수많은 종의 서식지 역할을 하며, 이들 중 많은 종은 생존을 위해 해당 서식지에 의존합니다.

5. The presence of irregularities in a river (fluctuations / water level and velocity / adapt / allow / it / to / in).

▶ 강의 불규칙성이 존재하면 강이 수위와 속도의 변동에 적응할 수 있습니다.

6. (natural systems / to / their proper functioning / critical / the intricate / are / structures).

▶ 자연계의 복잡한 구조는 적절한 기능에 매우 중요합니다.

7. It is important to recognize that (same / societies / not all / in / advance / manner).

▶ 모든 사회가 같은 방식으로 발전하는 것은 아니라는 점을 인식하는 것이 중요합니다.

[1] 다음을 읽고, 물음에 답하시오.

From an evolutionary perspective, fear has contributed to both fostering and ㉠ <u>limiting</u> change, and to preserving the species. We are programmed to be afraid. It is a survival need, as is stability, which is another force of nature that can ㉡ <u>encourage</u> the capacity to change. Stable patterns are ㉢ <u>necessary</u> lest we live in chaos; however, (가) (그것들이 굳어버린 행동을 버리는 것을 어렵게 만든다.), even those that are no longer useful, constructive, or health creating. And (나) (두려움은, 알려지지 않은 영역으로 위험을 무릅쓰고 발걸음을 내딛고 싶지 않을 때, 여러분이 변하는 것을 막는다); for example, some people choose not to ㉣ <u>leave</u> an unfulfilling job or a failing relationship because they fear the unknown more than the known. On the other hand, fear can also ㉤ <u>motivate</u> change in order to avoid something you're afraid of, such as dying young ─ as one of your parents might have.

✚ NOTE 📝

evolutionary 진화의, 진화론에 의한	stability 안정	unfulfilling 성취감을 주지 못하는
perspective 관점	lest ~하지 않도록	motivate 자극하다
contribute to ~에 기여하다	chaos 혼돈	dual 이중적인
foster 조성하다	abandon 버리다	in terms of ~의 면에서, ~에 관하여
preserve 보존하다	risk 위험을 무릅쓰고 ~하다	confront ~에 맞서다
program ~을 (자연스럽게 특정 행동을 하도록) 내재화하다	territory 영역	

1 밑줄 친 ㉠ ~ ㉤ 중 문맥 상 어색한 것을 찾고, 문맥에 맞는 단어를 본문에서 찾아 바른 표현란에 적으시오.

기호   틀린 표현   바른 표현

_____ : _____ → _____

2 괄호 (가)의 우리말을 아래 조건에 맞게 영작하시오.

─● 조건 ●─

• 가목적어/진목적어 구문을 활용할 것.
• 아래 제시된 단어를 한 번씩만 사용하되, **추가 단어** 있고 필요시 문맥에 맞게 **단어의 형태를 변형**할 것.
• 빈칸 한 개에는 한 단어만 넣을 것.
  제시어 abandon / make / they / behaviors / entrench / difficult

_____ _____ _____ _____ _____ _____ _____ _____

_____ _____

3 괄호 (나)의 우리말을 아래 제시된 단어만을 한 번씩만 사용하여 영작하시오.

제시어

from / when / territory / don't / to / you / the unknown / changing / a step
/ into / you / risk / keep / fear / can / want

_____

_____

4 아래 박스 안의 단어를 한 번씩만 사용하여 글의 주제를 작성하시오.(단, 한 개의 추가 단어 있음)

change / functions / and / terms / in / dual / of / its

주제: _____

[2] 다음을 읽고, 물음에 답하시오.

Habitat diversity refers to the variety of places where life exists. (가) <u>Each habitat is the home of numerous species, and most of them depend on that habitat</u>. When it disappears, a vast number of species disappear as well. More often, an entire habitat does not completely disappear but instead is reduced gradually until only small patches remain. This has happened to old-growth forests and coastal wetlands in the United States and is now occurring in tropical forests throughout the world. (나) (작은 면적의 서식지들만을 제외하고 모든 서식지의 파괴) is especially damaging because it not only eliminates many local species but also threatens those species that depend on vast acreage for their survival.

+ NOTE

habitat 서식지	patch 작은 구획	acreage 면적
diversity 다양성	old-growth forest 원시림	shrinkage 수축, 축소
gradually 점차로	elimination 제거, 배제	

1 밑줄 친 (가)의 문장을 관계대명사를 사용하여 작성하시오.

Each habitat is the home of numerous species, and most of them depend on that habitat.

⇒ _____ .

2 괄호 (나)의 우리말을 아래 〈조건〉에 맞게 영작하시오.

●조건●
- "~을 제외하고"의 의미를 가진 but을 반드시 사용할 것.
- 아래 제시된 단어를 활용하되, 추가단어 있고 필요시 단어의 형태를 변형할 것.
  of / patch / of / all / eliminate / small / habitat

_____

3 본문의 주제를 작성하려고 한다. 박스 안의 단어를 변형 없이 사용하여 빈칸을 채워 넣으시오.

shrinkage	preservation	endangered
relationship	necessity	forests
habitats	consequences	climate change
elimination	species	

주제: The _____ of _____ and its _____

[3] 다음을 읽고, 물음에 답하시오.

Detailed study over the past two or three decades is showing that (가) the complex forms of natural systems are essential to their functioning. The attempt to straighten rivers and give them regular cross-sections is perhaps the most disastrous example of this form-and-function relationship. The natural river has a very ㉠ _____ form: it curves a lot, spills across floodplains, and leaks into wetlands, giving it an ever-changing and incredibly complex shoreline. These ㉡ _____ allow the river to accommodate variations on water level and speed. Pushing the river into tidy geometry destroys functional capacity and results in disasters like the Mississippi floods of 1927 and 1993 and, more recently, the unnatural disasters of Hurricane Katrina.

+ NOTE

detailed 상세한	spill 넘치다, (흘러) 넘침	shoreline 강가
straighten 똑바르게 하다,	floodplain 범람원	variation 변화
(주름 따위를) 펴다	leak 새다	geometry 외형(적 형태)
cross-section 횡단면	wetland 습지대	
disastrous 재앙적, 손해가 큰	ever-changing 끊임없이 변화는	

1 밑줄 친 (가)의 내용과 같은 의미로 문장으로 다시 작성하려고 한다. 빈칸에 들어갈 단어를 차례로 쓰시오.

_____ natural systems _____ _____, complex forms are _____.

2 다음 뜻풀이에 해당하는 단어를 위 본문에서 찾아서 영어로 쓰시오.

영영풀이: to adapt or adjust to something: _____

3 빈칸 ㉠과 ㉡에 들어갈 단어를 아래 조건에 맞게 써 넣으시오.

● 조건 ●
- ㉠: i로 시작하는 총 9개의 철자로 된 단어임.
- ㉡: ㉠의 명사형이며, 문맥에 맞게 작성할 것.

㉠ i_____   ㉡ _____

4 본문의 제목을 작성하려고 한다. 보기에서 단어를 변형하지 말고 빈칸에 넣어 제목을 완성하시오.

┌─ 보기 ├───
Structure / Simplification / Nature / Habitat / Transformation / Form / Function / Geometry
/ Irregular / Natural / Effectiveness / Disaster
└──

제목: The Complex Feature of _____ : _____ Follows _____

[4] 다음을 읽고, 물음에 답하시오.

For a long time, anthropologists believed that all human societies would progress through a known series of phases of evolution; this was the concept of unilineal, or one-way social evolution. The stages were Savagery (marked by simple, low-population societies with low-grade technologies), Barbarism (marked by slightly more complex, medium-population societies with medium-grade technologies), and Civilization (marked by massive populations and high technologies). But anthropology and archaeology have shown that this (가) h_____ just isn't true. (나) <u>Modern traditional Arctic people continue to forage for their daily subsistence and keep their populations low, and their society has evolved into a full-blown civilization.</u> Because some societies actually did go from foraging to farming, you may be inclined to think that every society should. The truth is that (다) (   ).

＋ NOTE

anthropologist 인류학자	marked 특징 지워진	forage 식량을 찾아다니다
progress 진화하다, 발전하다	low-grade 저급한, 하급의	full-blown 만발한; 완전히 성숙한
known 알려진	massive 거대한	inclined ~하고 싶은, ~하고 싶은 경향
phase 단계	archaeology 고고학	이 있는
unilineal 단선적	Arctic 북극 지방의	

1 빈칸 (가)의 단어를 채우려고 한다. 아래는 빈칸에 들어갈 단어의 영영풀이를 참고하여 h로 시작하는 단어를 쓰시오.(단, 총 h를 포함해 9철자로 된 단어임)

영영풀이: a system in which people or things are put at various levels or ranks according to their importance

h __ __ __ __ __ __ __ __

✓ 고난도

2 빈칸 (다)는 글쓴이가 밑줄 친 (나)의 사례를 제시한 이유에 해당한다. 아래 제시된 단어만을 사용하여 not으로 시작하는 문장을 영작하시오.

제시어
way / the / same / societies / progress / all

not _____

3 글의 주제를 작성하려고 한다. 박스 안의 단어를 골라 빈칸을 채우시오.
(단, 단어의 어형변화가 있을 수 있음)

> exist / limit / correspond / lofty / fragile / convention

주제: _____ of the _____ theory of civilization development

MAGNUS
서술형 시리즈

고등영어 서술형
실전편

내신 서술형 실전 **14**회

WARM UP

01 주어진 문장의 괄호 안의 단어의 순서를 바르게 배열하여 문맥상 자연스러운 흐름이 되도록 만드시오.

1. To optimize time usage and measurement, people worldwide would (the sun / in the sky / set / prefer to / noon / the moment / reaches / as / when / its highest point).

> 시간 사용 및 측정을 최적화하기 위해 전 세계 사람들은 정오를 태양이 하늘에서 가장 높은 지점에 도달하는 순간으로 설정하는 것을 선호합니다.

2. By doing so, we can (as / is / the tradition / of / when the sun / setting / noon / maintain / at its peak / the time of the day), while also (the understanding / of / different time zones / time differences / facilitating / between).

> 그렇게 함으로써 우리는 정오를 태양이 가장 높은 시간으로 정하는 전통을 유지하면서, 다른 시간대 간의 시차에 대한 이해를 용이하게 할 수 있다.

3. Recent research on the science of learning over the past two decades has demonstrated that (to / tend / things / remember / better and / for a more extended period / people) (they / rather than / informed / on their own / if / them / discover / being).

> 지난 20년 동안 학습 과학에 대한 최근 연구에 따르면 사람들은 정보를 얻기보다 스스로 발견하면, 더 잘 기억하고 더 오랜 기간 동안 기억하는 경향이 있습니다.

4. Instead of lecturing, the teacher (with / students / their reading homework / related to / complex questions / challenges / his), requiring them to gather and synthesize information to solve the problem.

> 강의하는 대신 교사는 학생들에게 읽기 숙제와 관련된 복잡한 질문을 던지며 문제 해결을 위해 정보를 수집하고 종합하도록 요구합니다.

5. (future aspirations / on / much / too / focusing) can (deplete / and / pursue / to / the energy / one's goals / take action / needed).

> 미래의 열망에 너무 집중하면, 행동을 취하고 목표를 추구하는 데 필요한 에너지가 고갈될 수 있습니다.

6. Positive thinking can (that / our objectives / trick / into / believing / have / achieved / we / already / our minds).

> 긍정적인 사고는 우리가 이미 목표를 달성했다고 믿도록 마음을 속일 수 있다.

7. The more we watch television, (or interact with / in our / the less / are to / we / inclined / our time / social circles / volunteer / people).

> 우리가 텔레비전을 더 많이 볼수록, 우리는 우리의 시간을 자원봉사하거나 우리의 사교계에 있는 사람들과 교류하려는 경향이 적습니다.

괄호 안에 제시된 단어를 반드시 사용하여 우리말을 영작하시오.
(단, 문제에 따라 추가단어와 어형변화 있을 수 있음.)

1. The use of time zones (to / appear / time management / be / necessary / efficient) worldwide.

  ▶ 전 세계적으로 효율적인 시간 관리를 위해 시간대 사용이 필요한 것으로 보입니다.

2. The teacher (difficult questions / based / the students / with / their reading homework / challenges).

  ▶ 교사는 읽기 숙제를 바탕으로 학생들에게 어려운 질문을 제기한다.

3. (had / women / self-image / more / positive) lost fewer pounds than (positive / less / with / those / self-image).

  ▶ 긍정적인 자아상을 가진 여성은 덜 긍정적인 자아상을 가진 여성보다 체중 감량이 적었습니다.

4. Positive thinking can (satisfy with / feel / pursue change / make / to / and less motivated / individuals / their current situation).

  ▶ 긍정적인 생각은 개인이 현재 상황에 만족하고 변화를 추구하려는 동기를 덜 수 있습니다.

5. (Television / view / is often / of relaxation / a means), (daily stressors / escape from / to / temporary / a way).
   (동격의 코마에 주의할 것)

  ▶ 텔레비전은 종종 휴식의 수단, 일상의 스트레스 요인에서 일시적으로 벗어날 수 있는 방법으로 간주됩니다.

6. Watching television may replace (contribute / that / social well-being / activities), and may not be (connections / way of / social / a sustainable / build).

  ▶ 텔레비전 시청은 사회적 웰빙에 기여하는 활동을 대체할 수 있으며 사회적 연결을 구축하는 지속 가능한 방법이 아닐 수 있습니다.

7. (watching / more / time / spend / television) may (real-life friends / spent / with / less time / result), potentially decreasing social well-being.

  ▶ 텔레비전 시청에 더 많은 시간을 할애하면, 실제 친구와 보내는 시간이 줄어들어 잠재적으로 사회적 웰빙이 감소할 수 있습니다.

[1] 다음을 읽고, 물음에 답하시오.

In order to efficiently use and measure time, everyone in the world would like to fix noon as (가) (태양이 하늘에서 가장 높은 지점에 있는 시간). However, this seems to be impossible without the use of time zones. Since the Earth rotates at the rate of 15 degrees every hour, the sun is at its highest point in the sky at ㉠ _____ times in the day for ㉠ _____ countries around the globe. The idea behind time zones is that we can divide the world into 24 equal slices or zones, 15 degrees each, and adjust the clocks accordingly for each zone. We can thus preserve the need to fix noon as the time when the sun is highest in the sky for each country, and also make it easy to understand times between zones.

+ NOTE

efficiently 효율적으로	rotate 자전하다
measure 측정하다	around the globe 전 세계의, 전 세계적으로
fix 고정하다	slice (베어낸) 한 조각
time zones (동일표준시를 사용하는) 표준시간대	

1 괄호 (가)의 우리말을 아래 제시된 단어만을 사용하여 영작하시오.

제시어
the sun / the time / the / highest / at / its / is / point / sky / at / which / in

_____

2 빈칸 ㉠에 공통으로 들어갈 단어를 써넣으시오.(단, 총 9개의 철자로 된 단어임)

답 _ _ _ _ _ _ _ _ _

3 본문의 내용을 바탕으로 아래 빈칸에 들어갈 내용을 10자 내외의 영어로 작성하시오.

If people on the Earth lived in the same place, we _____.

4 본문의 주제를 작성하려고 한다. 빈칸에 들어갈 단어를 박스에서 찾아 주제를 완성하시오.

origin	have	clockwise
divide	inconvenience	advantage
time	24 hours	divide
zones	reason	policies
into	different	international
day	direction	why

주제: the _____ _____ we _____ _____ _____

[2] 다음을 읽고, 물음에 답하시오.

The last two decades of research on the science of learning have shown conclusively that ㉠ we remember things better, and longer, if we discover them ourselves rather than being told them. This is the teaching method practiced by physics professor Eric Mazur. He doesn't lecture in his classes at Harvard. ㉡ Instead, he asks students difficult questions, based on their homework reading, which requires them to pull together sources of information to solve a problem. Mazur doesn't give them the answer; instead, he asks the students to break off into small groups and discuss the problem among themselves. Eventually, nearly everyone in the class gets the answer right, and the concepts ㉢ s____ w_____ them because they had to find their own way to the answer.

+ NOTE

conclusively 결정적으로	pull together 모으다
lecture 강의하다	break off into ~로 쪼개지다, ~로 나누다

1 글의 요지인 밑줄 친 ㉠의 문장과 같은 의미의 다른 문장으로 표현하고자 한다. 빈칸에 들어갈 표현을 써넣으시오.(단, 철자가 제시된 경우 해당 철자로 시작하는 단어를 쓸 것)

= _____ is easier _____ _____ things if we discover them ourselves rather than being told about them.

= D_____ something rather than being told about it helps us to remember it more clearly and longer.

2 밑줄 친 ㉡의 문장에서 문법적으로 틀린 부분을 찾아 바르게 고쳐 전체 문장을 다시 쓰시오.

_____

_____.

3 아래 영영풀이에 해당하는 빈칸 ㉢의 단어를 쓰시오.

영영풀이: to continue doing something or using someone to do work for you, and not stop or change to something or someone else

㉢ s_____ w_____

[3] 다음을 읽고, 물음에 답하시오.

New York University psychologist Gabriele Oettingen studied women enrolled in a weight-reduction program (가) <u>trying to lose a few pounds</u>. In the study, the participants used positive thinking—imagining themselves reaching their goals—as a motivator. The results weren't so positive. "A year later, I checked in on these women from the weight-loss study," Oettingen writes in the New York Times, and (나) "(더 긍정적으로 생각한 여성들일수록, 체중이 더 적게 감량되었다)." As the above study and others of Oettingen's found, positive thinking makes people feel comfortable with their present state. Too comfortable. Dreaming of the future "can drain you of the energy you need to take action in pursuit of your goals," she says. (다) "(㉠ 긍정적인 사고는 우리의 사고가 우리의 목표를 이미 달성했다고 인식하도록 속이며, ㉡ 그것을 수행하기 위한 준비를 느슨하게 한다.)"

+ NOTE

enroll 등록하다	drain A of B A에게서 B를 소모시키다	slacken 느슨하게 하다, 줄이다
check in on ~을 확인하다	take action 행동을 하다, 조치를 취하다	
state 상태	in pursuit of ~을 찾아서, ~을 추구하여	

1 밑줄 친 (가)의 표현을 [접속사 + S + V]의 절의 형태로 문맥에 맞게 바꾸시오.(단, 접속사는 as를 사용할 것)

_____

_____

2 괄호 (나)의 우리말을 아래 조건에 맞게 영작하시오.

●조건●
- [the 비교급, the 비교급] 구문을 활용할 것.
- 아래 제시된 단어만을 사용하되, 필요시 문맥에 맞게 단어의 형태를 변형할 것.

제시어
they / more / themselves / pounds / the / the / women / positive / lost / imagined / few

_____

_____

3 아래 조건에 맞게 괄호 (다)의 우리말을 영작하시오.

> ● 조건 ●
> • 괄호 (다)의 ㉠과 ㉡의 우리말을 아래 각각 제시된 단어만을 사용하여 영작할 것.
> • ㉠의 경우 fool A into v-ing의 구문을 활용할 것.
> • ㉡의 경우 분사구문의 형태에 맞게 <u>동사의 형태를 변형할 것</u>.

㉠ (thinking / our / into / we've / minds / already / perceiving / attained / positive / goal / that / fools / our), ㉡ (readiness / our / slacken / pursue / to / it).

㉠ _____ ,

㉡ _____

4 3번 문제의 ㉡의 분사구문의 표현을 관계대명사의 계속적 용법 구문으로 바꾸어 전체 문장을 다시 작성하시오.

_____

_____ .

5 본문의 요지를 작성하려고 한다. 아래 조건에 맞게 박스 안의 단어를 사용하여 요지문의 빈칸을 채우시오.

> ● 조건 ●
> • 단어는 중복되어 사용하지 않음.
> • 필요시 문맥에 맞게 제시된 단어의 품사를 변형할 것.
> • 빈칸에 한 단어만 쓸 것.

hinder	nervousness	inaction
depression	raise	boost up
ambition	unsatisfied	facilitate

요지: Thinking positively can actually (A) _____ your chances of success by leading you to become (B) _____.

(A) _____   (B) _____

Television is the number one leisure activity in the United States and Europe, ㉠ <u>consuming more than half of our free time</u>. We generally think of television as a way to relax, tune out, and escape from our troubles for a bit each day. While this is true, there is increasing evidence that we are more motivated to tune in to our favorite shows and characters when we are feeling lonely or have a greater need for social connection. Television watching does satisfy these social needs to some extent, at least in the short run. Unfortunately, ㉡ (그것은 또한 우리의 사회적 행복을 위한 더 지속적인 사회적 기여를 만들어 내는 다른 활동들을 "몰아내기" 쉽다.) ㉢ <u>The more television we watch, the less likely we are to volunteer our time or to spend time with people in our social networks</u>. In other words, the more time we make for Friends, the less time we have for friends in real life.

* Friends: 프렌즈(미국의 한 방송국에서 방영된 시트콤)

+ NOTE

consume 소모하다	**tune in to** (TV 프로그램 등을) 보다, 시청하다
tune out 신경을 안 쓰다	**lonely** 외로운
trouble 근심, 걱정거리	**in the short run** 단기적으로

1 밑줄 친 ㉠의 표현을 아래 조건에 맞게 같은 의미의 문장으로 바꾸어 표현하시오.

● 조건 ●
- 절의 형태로 작성하고, it으로 시작하는 표현이 될 것.
- consume의 동의어인 take over를 사용할 것.

Television is the number one leisure activity in the United States and Europe, ㉠ consuming more than half of our free time.

= Television is the number one leisure activity in the United States and Europe, as it _____ .

2 괄호 ㉡의 우리말을 아래 제시된 단어만 사용하여 영작하시오.

제시어
that / our social well-being / sustainable / also / other activities / is / "crowd out" / it / social contributions / likely to / to / more / produce

_____

_____

3 밑줄 친 ⓒ의 문장을 아래와 같이 단어로 시작하는 같은 의미의 문장으로 바꾸시오.

> The more television we watch, the less likely we are to volunteer our time or to spend time with people in our social networks

As _____ , we _____

_____.

MAGNUS 서술형 시리즈 고등영어 서술형 실전편

2024년 03월 10일 초판2쇄 발행
2023년 10월 12일 초판 발행

저   자 박지성·박은경
발   행   인 김은영
발   행   처 오스틴북스
주   소 경기도 고양시 일산동구 백석동 1351번지
전   화 070)4123-5716
팩   스 031)902-5716
등 록 번 호 제396-2010-000009호
e - m a i l ssung7805@hanmail.net
홈 페 이 지 www.austinbooks.co.kr
ISBN   979-11-88426-80-5(53740)
정   가   16,000원

MAGNUS
서술형 시리즈

고등영어 서술형
실전편

박지성 박은경 공저

정답 및 해설

오스틴북스
AUSTIN BOOKS

MAGNUS
서술형 시리즈

고등영어 서술형
실전편

박지성 박은경 공저

정답 및 해설

도서
출판 오스틴북스

고등영어 서술형
실전편

정답 및 해설편

01회   내신 서술형 실전

WARM UP

01

1 have flown off to foreign countries / affordable cosmetic surgery

2 cease to use these areas / destroy habitats with excessive trails

3 take on a whole new meaning

4 The last thing any company wants

5 focused attention on the worst environmental offenders / stimulate a substantial reduction in pollution

6 is regarded as one of the most successful environmental programs

7 that we are able to maintain our imagination

02

1 The line between vacation and health care / become increasingly blurred

2 faced an extensive media campaign

3 facing pressure from development / need space to hide from human activity

4 offers options to engage in diverse outdoor activities

5 maintained by a combination of diversity, challenge, and tension

6 have enjoyed our scenic natural spaces all my life

7 force us to use our brains to develop creative solutions

실전편 01회

[1]

1 🔒정답 Development / medical tourism industry

📋해설
첫 번째 문장과 두 번째 문장을 통해서 최근 유행하는 "의료 관광 산업의 발달"을 다루는 글임을 파악할 수 있다.

2 🔒정답 vary / are different

📋해설
경제적으로 감당할 수 있는(affordable)는 성형 수술을 위해 해외로 간다는 의미는 곧 국가마다 수술 비용이 "다르다"는 것을 추론할 수 있다. 첫 번째 문장의 빈칸은 동사 vary가 적절하고, 두 번째 문장의 빈칸은 are different이 적절하다.

3 🔒정답 because health care costs have risen

📋해설
밑줄 친 (나)의 문장은 "의료비가 상승했기에"라는 의미이므로 조건부에 맞춰 [주어 + 동사]의 절의 형태이면서, 현재완료가 되어야 하므로 have risen을 사용해 because health care costs have risen으로 표현하면 된다.

4 🔒정답 with more than 780 million patients seeking health care abroad

📋해설
아래와 같이 부대구문 활용 능력을 묻는 문제이다.
with [more than 780 million patients] seeking health care abroad
with + N + v-ing "N가 동사하면서"

5 🔒정답 health care / on vacation

📋해설
"휴가와 건강관리의 경계선이 흐려진다"는 말은 사람들이 "휴가를 즐기는 동안 건강관리를 받으려 한다"는 뜻이다.
on vacation 휴가 중

6 🔒정답 wing

📖해설

wing (건물 본관 한쪽으로 돌출되게 지은) 동[부속 건물]

7 🔒정답 patients who don't want to stay in the hospital

📖해설

주격관계대명사를 활용하여 아래와 같이 영작하면 된다.
patients [who don't want to stay in the hospital]
조동사를 활용한 부정의 don't에 주의한다.

🔍해석

적당한 가격의 성형 수술을 위해 비행기를 타고 외국으로 가는 것이 여러 해 동안 유행해 왔다. 그런데 이제 의료비 상승 때문에 일상적인 수술과 치료를 위해 여행자들은 해외로 가고 있다. 전문가들의 예상에 따르면, 2012년쯤에는 7억8천만 이상의 환자들이 해외에서 건강관리 서비스를 찾는 가운데 의료 관광은 1천억 달러 규모의 국제적 산업이 될 것이다. 휴가와 건강관리 사이의 경계는 점점 더 흐려질 것이다. 내년 싱가포르는 아시아 최초의 의료 호텔을 여는데, 그것은 Farrer Park에 새로 짓는 병원의 동쪽 병동에 연결된 260개의 객실을 갖춘 호화 고층 건물이다. 그 호텔은 병원에 있고 싶어 하지 않는 환자들을 위한 다양한 의료 장비뿐만 아니라 500석의 회의실, 실내외 정원 및 온천을 갖추게 될 것이다. 그것은 치료 휴가라는 개념에 새로운 의미를 더할 것이다.

[2]

1 🔒정답 report / be aware of

📖해설

[require that S (should) 동사원형] 구문에 주의하여 첫 번째 빈칸은 report만 들어가야 한다. 두 번째 빈칸의 경우 "~에 대해서 알고 있다, 인식하다"의 be aware of가 적절하다.

2 🔒정답 launched / resulted in substantial

📖해설

문장 (나)의 해석은 다음과 같다.
"뉴욕에서 공해 물질을 가장 많이 배출하는 회사는 대규모의 배기가스 배출 감소를 가져온 광범위한 언론의 캠페인에 직면하게 되었다(be subject to)."

이는 뉴욕에서 공해 물질을 가장 많이 배출하는 회사에 대한 언론의 광범위한 캠페인이 실시되었고, 이는 대규모의 배출 감소를 가져왔다는 내용이므로 밑줄 친 표현에 해당하는 lauched와 resulted in substantial이 빈칸에 들어가기에 적절하다.

3 🔒정답 place a spotlight on

📖해설

영영풀이에서 설명되는 표현은 "누군가 또는 무언가에 집중하거나 주의를 끌다"는 표현이다. 네 단어로 구성된 표현은 place a spotlight on이다.

4 🔒정답 ㉠ toxic chemicals(그 외 toxic discharges. toxic emissions와 같은 뜻인 단어이면 정답인정)
㉡ pose ㉢ threat ㉣ to

📖해설

본문을 통해서 TRI는 인간의 건강과 환경에 "위협을 가하는" "유독한 화학물질"이 제대로 관리되는지를 보고, 관찰하는 것이므로 첫 번째 빈칸에는 toxic chemicals 또는 그와 문맥상 동일한 표현을 쓸 수 있고, 두 번째 빈칸의 경우 제시된 철자를 고려하여 pose a threat to의 표현을 활용하여 빈칸을 채우면 된다.

5 🔒정답 (A) Media (B) environmental

📖해설

본문은 "인간과 환경에 유해한 물질을 방출하는 기업에 대해 미디어의 긍정적 압박은 환경 문제를 해결하는데 도움을 준다"는 내용이다.

6 🔒정답 ⓐ that required companies to report their toxic discharges
ⓑ they had to make large-scale reductions in their emissions
ⓒ where no company wanted to be ranked among the worst
ⓓ make a difference in getting companies to take responsibility for their environmental impact

🔍해석

TRI는 미국 역사상 가장 성공적인 환경 프로그램 중 하나였다. 그 원래 목표는 주정부와 연방정부가 현존하는 관행을 알 수 있도록 여러 회사에게 유해물질의 배출 상태를 공개하도록 요구하는 것뿐이었다. 그러나 광범위한 유해물질 감소를 유도하기 위하여 언론에서는 유해물질을 가장 많이 배출하는 회사들에 초점을 맞추어서 결국 그들이 훨씬 더 잘 해 나가도록 이끌게 되었다. 예를 들어, 뉴욕에서 공해 물질을 가장 많이 배출하는 회사는 대규모의 배기가스 배출 감소를 가져온 광범위한 언론의 캠페인에 직면하게 되었다. 수백 건의 지방 및 전국의 기사는 관련 지역에서 최대 오염물질 방출회사를 겨냥했다. 결과적으로 일종의 블랙리스트가 만들어지게 되었다. 최악의 회사 순위에 드는 것을 원하는 회사는 없었으므로 1988년부터 1995년 사이에 유해물질 배출이 45퍼센트 감소하게 되었다.

[3]

1 🔒정답 playing it safe

📋해설

"안전한 구역에 안주하는 것"이란 의미로 제시된 각 철자로 시작하는 표현은 playing it safe이다. 해당 철자로 시작하고 같은 의미의 표현이면 정답으로 인정.

2 🔒정답 Problems that need solutions force us to use our brains in order to develop creative answers.

📋해설

[Problems (<u>that</u> need solutions)] <u>force</u> / us / <u>to</u> use our brains <u>in order to</u> develop creative answers.

주격관계대명사가 활용된 주어, [force + 목적어 + to v]의 5형식 구문, 그리고 [in order to 동사원형]의 표현에 주의해서 영작하도록 한다.

3 🔒정답 ⊙ faced ⓛ forced ⓒ come up with

📋해설

Problems that need solutions force us to use our brains in order to develop creative answers.
"<u>해결책이 필요한 문제</u>는 창의적인 답변을 만들어 내기 위해 우리의 두뇌를 사용하도록 <u>강요합니다</u>."
위 문장은 "문제에 <u>직면했을 때</u> 우리는 뇌를 이용해 창의적인 답변을 <u>생각해 낸다</u>"의 뜻이므로 위 밑줄 친 내용들을 반영하는 표현을 문맥에 맞게 각각 집어 넣으면 된다.

4 🔒정답 conflicts (challenges)

📋해설

글의 요지와 관련하여 "conflicts(또는 challenges)"가

적절하다. 문맥상 반드시 복수형으로 표현해야 함에 주의한다.

5 🔒정답 creativity. being creative

📋해설

4번과 연계해서 "시련과 때때로 의견 충돌"의 발생은 창의력에 도움이 된다는 내용이므로 빈칸에 creativity가 들어가면 된다. 동의표현은 동명사가 활용된 being creative로 작성하면 된다.

🔍해석

다양성, 어려움, 그리고 갈등은 우리의 상상력을 유지하게 도와준다. 대부분의 사람들은 갈등은 나쁜 것이고 "편안한 구역"에 머무는 것이 좋은 것이라고 단정한다. 그것은 정확히는 사실이 아니다. 물론, 우리는 직장 또는 의료보험이 없거나, 배우자, 가족, 직장 상사, 직장 동료들과 다툼에 빠진 자신의 모습을 보고 싶어 하지 않는다. 하나의 나쁜 경험이 우리에게 평생 지속하는 데 충분할 수 있다. 하지만 가족, 친구들과 작은 의견 충돌, 기술적 또는 재정적 문제, 직장과 가정에서의 어려움이 우리의 능력에 대해 진지하게 고민하게 도와준다. 해결책이 필요한 문제들은 창의적인 해답들을 개발하기 위해 우리의 뇌를 사용하도록 만든다. 변화무쌍한 지형을 운전하는 것은 우리 감각과 마음에 아무런 어려움을 주지 않는 지형을 다니는 것보다 훨씬 더 창의성에 도움을 준다. 우리의 2백 만 년 역사는 어려움과 갈등으로 가득 차 있다.

[4]

1 🔒정답 The land (<u>through which</u> the proposed Pine Hill walking trail would cut) is home to a variety of species.

📋해설

[전치사+관계대명사]가 활용된 긴 주어에 주의해서 영작하도록 한다.
ⓐ <u>The land</u> is home to a variety of species.
+(접속사) The proposed Pine Hill walking trail would cut <u>through the land</u>.
→ through which

2 🔒**정답** ⓓ stop to use these areas → stop using these areas

ⓗ that → whether (또는 if)

📋**해설**

[stop + v-ing] ~하던 것을 멈추다

reconsider whether(if) S V ~인지 아닌지 재고하다

reconsider는 "재고하다"의 뜻으로 확정적 내용을 다루는 것이 아니므로 that을 whether 또는 if로 바꾸어야 한다.

3 🔒**정답** allow / have access to

📋**해설**

5형식 동사 allow의 [allow + 목적어 + to V] 구문을 이해하는지를 묻는 문제이다.

4 🔒**정답** ⓐ where ⓑ against ⓒ wildlife habitats

🔍**해석**

관계자 귀하,

저는 Boulder 시에서 태어나고 자랐으며 평생 동안 우리의 경치 좋은 자연 공간을 누려왔습니다. 제안된 Pine Hill 산책로가 놓이게 될 그 땅은 다양한 종들의 서식지입니다. 야생 동물은 개발로부터의 압력에 직면해 있고, 이 동물들은 인간 활동으로부터 숨을 수 있는 공간이 필요합니다. 비록, 산책로는 우리가 자연 세계에 접근하고 그 안의 야생 동물을 감상할 수 있는 훌륭한 원천의 역할을 하겠지만, 만약 우리가 추가적인 산책로를 이용하여 서식지를 계속적으로 파괴한다면, 야생 동물은 이 지역을 이용하는 것을 중단할 것입니다. 제안된 산책로가 정말로 필요한지 재고해 주시기 바랍니다.

Tyler Stuart 드림

02회 _{내신 서술형 실전}

WARM UP

01

1 start getting ready to enroll in one of the colleges / you have not been added to the waitlist

2 outweighs the prestige of the school

3 no punishment as extreme as capital punishment

4 that have formally retained the death penalty / have never carried it out

5 you will need a point of view / you shouldn't guide your reader's opinions

6 make them feel just as committed to your arguments and insights

7 in a coffee shop without being distracted by the noise

02

1 encourage you to use your second-choice college to its fullest potential

2 have also abolished it completely

3 allows your readers to think for themselves about the points and arguments

4 An interesting and thought-provoking essay will avoid passiveness in the reader

5 make it extremely difficult for these students to study / in anywhere but their bedrooms

6 a big obstacle in your way to achieve your goals

7 impossible to eliminate entirely / so that they don't hinder your performance

실전편 02 회

[1]

1 🔒정답 who are on the wait list

📋해설
"목록에 있다"고 표현할 때 전치사 on을 사용하여 on the list라고 표현한다. 참고로, 밑줄 친 표현을 이어지는 내용을 참고하여 who have been paced on the wait list 로도 쓸 수 있지만, 빈칸의 개수가 맞지 않다.

2 🔒정답 to which you have already been accepted

📋해설
조건과 같이 [전치사+관계대명사] 구문에서 전치사는 be accepted to의 숙어 표현에서 to가 앞으로 이동한 경우이다. 이미 입학이 허락된 경우이므로 [현재완료]가 쓰여야 하므로 결국 [현재완료수동]의 표현인 have been accepted 가 됨에 주의하여 영작한다.

3 🔒정답 we encourage you to look at the positive aspects of your second-choice college / make the most of your education there

📋해설
조건에 맞게 아래의 표현에 주의해서 영작하면 된다.
we <u>encourage</u> / you / <u>to look</u> at the positive aspects of your second-choice college and <u>make the most of</u> your education there
encourage와 make the most of가 등위접속사 and에 병치됨을 확인한다.

4 🔒정답 It is the quality of education you receive that

📋해설
조건부에 맞는 재진술 문제이다.
학교 네임벨류보다 "what you get out of your education" 즉, 교육의 질의 중요성을 강조하는 내용이므로 주어진 단어를 활용하여 해당 내용을 It is ~ that 사이에 넣어 영작하면 된다.
<u>It is</u> [<u>the quality of education you receive</u>] <u>that</u> is more important than the name of the school.

🔍해석
하버드와 같은 많은 대학들은 학생들을 세 가지로 분류합니다 : 합격생, 불합격생, 대기자 명단. 종종 아주 적은 수의 대기자들만이 들어가게 됩니다. 혹시 대기자 명단에도 오르지 못했다면, 입학을 허가를 받은 학교 중의 하나를 준비할 것을 권장합니다. 여러분들의 실망감은 이해하지만, 당신의 차선책 학교의 긍정적인 측면을 보시길 바라며 그곳에서 최대한 많은 것을 배우시기 바랍니다. 학교의 이름보다 더 중요한 것은 여러분의 교육으로부터 무엇을 얻을 것이냐 라는 것을 깨닫기를 바랍니다.

[2]

1 🔒정답 Capital punishment, which involves the execution of the criminal, is the most extreme type of punishment.

📋해설
<u>Capital punishment</u> is the most extreme type of punishment.
+(접속사) <u>It(capital pubishment)</u> involves involves the execution of the criminal.
= Capital punishment, <u>which involves the execution of the criminal,</u> is the most extreme type of punishment.
관계대명사 계속적 용법이므로 반드시 콤마를 사용하는데 주의하도록 한다.

2 🔒정답 should have been done away with

📋해설
영영풀이에 해당하는 단어는 do away with이다. 밑줄 친 우리말은 "~했어야 했다"는 과거의 아쉬움을 나타내는 조동사 과거표현 should have p.p를 사용하고, 수동의 의미가 반영되어야 하므로 결국 should have been done away with가 정답이 된다. 아래 순서를 참고한다.
   should have <u>p.p</u>
+   <u>be</u> done away with (← do away with의 수동표현)

= should have <u>been</u> done away with

3 🔒정답 where capital punishment is legal but rarely practiced 또는 where capital punishment remains legal but is rarely practiced

📋해설
countries를 수식하는 관계부사는 where이다. only officially in law books의 표현은 legal이란 의미이고, use를 practice로 바꾸어 표현하면 다음과 같다.
There are other countries [where capital punishment is legal but rarely practiced]

4 🔒정답 ⓐ banned ⓑ abolished ⓒ controversial

🔍해석
범죄자를 사형에 처하는 사형은 가장 가혹한 형벌이다. 오늘날 사형 제도는 살인, 강간, 유괴, 반역 등의 중대범죄에 대한 처벌로서 83개국에서 여전히 집행되고 있다. 76개국에서는 완전히 사형제를 폐지하였다. 몇몇 다른 나라에서는 사형제가 법적으로만 남아 있으며 거의 시행되지 않는다. 다른 15개국은 사형제가 있으나 전쟁시에만 집행을 하고, 이에 반해 또 다른 21개국은 사형제를 보유하고 있음에도 결코 집행한 적이 없다.

[3]

1 🔒정답 As(When) you set about to write, it is worth reminding yourself that while you ought to have a point of view, you should avoid telling your readers what to think.

📋해설
아래 구문이 적용된 영작문을 확인하도록 한다.
As S V / it ~ that S V / avoid v-ing / what to v
As(When) you set about to write, it is worth reminding yourself that (while you ought to have a point of view), you should avoid telling your readers what to think.

2 🔒정답 which allows

📋해설
This way는 앞 문장의 내용을 받으므로 관계대명사 계속적 용법을 활용하여 which allows가 빈칸에 적절하다.

3 🔒정답 passivity

📋해설
독자의 적극적 참여와 반대되는 내용인 "수동성'에 해당하는 passivit가 빈칸에 적절하다.

4 🔒정답 to take an active role in thinking about

📋해설
"작가는 독자가 자신이 주장하려는 요점에 대해서 생각하는데 적극적인 역할을 할 수 있도록 장려해야 한다"는 내용이다. "~하는데 적극적인 역할을 하다"의 take an active role in v-ing의 표현을 활용한 부분 영작이다.

5 🔒정답 gets people to think

📋해설
빈칸에 들어갈 내용은 "사람들을 생각하게 만들다"의 내용이 되어야 하고, 5형식 사역의 의미를 갖는 get은 [get + 목적어 + to V]의 형태로 사용되므로 문맥에 맞게 gets people to think와 같이 영작하면 된다.

🔍해석
당신이 글을 쓰려고 할 때는, 당신의 관점을 가져야 하는 한편, 독자에게 무엇을 생각할지 말하는 것을 피해야 한다고 상기시키는 것은 가치가 있다. 그것(논점) 전체에 물음표를 달기 위해 노력해라. 이런 방식으로 당신은 독자들이 당신의 요점과 당신이 하는 주장들에 대해 스스로 생각할 수 있게 만든다. 결과적으로 독자들은 당신만큼이나 당신이 한 주장과 당신이 드러내는 통찰력에 몰입되는 자신을 발견하면서, 좀 더 열중하게 되는 느낌을 받게 될 것이다. 당신은 독자들의 수동성을 피하면서도 흥미롭고 사람들을 생각하게 만드는 글을 쓰게 될 것이다.

[4]

1 🔒정답 who have no problem with concentrating / who have trouble concentrating

📋해설
본문에서 학습자의 첫번째 유형은 공부에 "집중하는데 전혀 어려움이 없는" 학생이고, 두 번째 유형은 집중하는데 어려움을 격는 학생이다. 각각 have no problem with와 have trouble v-ing의 숙어표현을 사용하면 된다. 서술형 문제의 경우 이런 식으로 덩어리 표현인 동사/전치사 숙어 표현을 많이 활용한다는 점에 유의한다.

2 🔒정답 deal with / distractions

📋해설
"집중력을 방해하는 것들을 잘 다루는 방법을 알아야 한다"가 요지이므로 제시된 철자에 맞춰 "~을 다루다"의 deal with와 "산만하게 하는 것"이란 distractions이 각각 빈칸에 들어가면 된다.

3 🔒정답 ⓒ them → it

📋해설
[find + it + 형용사/명사 + to V]의 5형식의 가목적어 / 진목적어 구문이다.

4 🔒정답 On the other side of the spectrum

📋해설
"다른 극단으로"와 같은 역접의 연결사에는 다음과 같은 종류의 표현이 있다. On the contrary, At the other extreme, In sharp contrast와 같은 표현도 암기해 둔다.

5 🔒정답 they found it impossible to get the type of complete silence they sought

📋해설
[find + it + 형용사/명사 + to V]의 5형식 가목적어/진목적 구문이다.

6 🔒정답 it / other than

📋해설
[make + it + 형용사/명사 + to V]의 5형식 가목적어 / 진목적어 구문이다. "~이외에" 표현은 other than 이다.

🔍해석
내가 고등학교에 다닐 때, 커피숍에서 공부하면서 소음이나 그들 주변에서 일어나는 모든 것에 방해를 받지 않을 수 있는 학생들이 있었다. 도서관이 아주 조용하지 않으면 공부할 수 없는 학생들도 있었다. 후자의 학생들은 도서관에서조차 그들이 추구하는 유형의 완전한 침묵을 얻는 것이 불가능했기 때문에 고통을 받았다. 이 학생들은 개인 침실을 제외하고는 어디에서도 공부하는 것이 매우 어렵다는 것을 알게 된 집중에 방해가 되는 것들의 희생자였다. 요즘 세상에 집중에 방해가 되는 것들로부터 도망치는 것은 불가능하다. 집중에 방해가 되는 것들은 어디에나 있지만, 목표를 달성하고 싶다면 여러분은 집중에 방해가 되는 것들에 대처하는 법을 배워야 한다. 집중에 방해가 되는 것들을 제거할 수는 없지만, 그것들이 여러분을 제한하지 않도록 하는 방식으로 그것들과 함께 살아가는 것을 배울 수 있다.

03회

WARM UP

01

1 what psychologists call "flashbulb" memories / vivid images that stay with us for a long time

2 Those who recall their most emotional memories of the time / those who are most confident in their memory

3 genuinely communicates their feelings of satisfaction

4 a wide range of differences among people / how strongly they react to art / the way in which they express their reaction

5 a diverse array of reactions to art / the manner in which they communicate their response.

6 Upon being promoted to the role of project manager

7 Because of his firm's knowledge and skill / was dispatched to fight fires in various locations

02

1 which are commonly retained in people's memories

2 to restrain or inhibit the display of such depictions

3 not as clear-cut or immediate

4 What is necessary / the skill to assemble numerous components of a task into a cohesive entity

5 observe the frog swimming alongside other frogs and take the surroundings into account

6 in order to assist in providing for the family

7 resulting in a motion picture about his life featuring John Wayne in 1968

실전편 03회

[1]

1 🔒정답 unforgettable

📋해설
섬광기억(flashbulb memories)의 정의에서 "우리가 (기억으로) 보유하는 생생한 이미지(the vivid images that we retain)와 문제에서 제시되는 영여풀이의 문맥으로 보아 u로 시작하는 단어는 "잊지 못할"인 unforgettable이 적절하다.

2 🔒정답 It is thought that these memories are unforgettable

📋해설
동사의 시제차가 발생하지 않은 상황에서 문장전환이다.
S is thought to be V
= It is thought at S Vd

3 🔒정답 guarantee / accurate / as / remember

📋해설
첫 번째 재진술 문장의 경우 "특정 사건을 둘러싼 개인의 환경의 기억이 반드시 정확한 것은 아닐 수 있다"의 의미는 기억이 정확하다고 보장할 수 없다는 내용이므로 첫 번째 빈칸의 경우 guarantee, 두 번째 빈칸은 accurate이 들어가면 된다. 두 번째 재진술의 경우 문맥 상 "당신의 그것들을 기억하는 것처럼"이란 부사절의 표현에 맞게 각각의 빈칸에 as, remember가 들어가면 된다.

4 🔒정답 (A) Confidence (B) accuracy

📋해설
글의 요지를 작성하는 문제이다. 본문의 아래 문장에서 밑줄 친 부분에 해당하는 표현을 빈칸에 넣으면 된다.
Respondents' most emotional memories of their personal details at the time they learned of the attacks are also <u>those of which they are most confident</u> and, paradoxically, <u>the ones that have most changed over the years</u> relative to other memories about 9/11.

5 🔒정답 distortion

📄해설
be subject to N는 "~에 영향을 받는다"는 뜻이다. 빈칸에 "왜곡"이란 distortion이 적절하다.

🔍해석
국가적인 비극들은 우리가 그 뉴스를 접했을 때 어디에 있었는지, 우리가 그것을 어떻게 알게 되었는지, 우리가 어떻게 느꼈는지, 우리가 무엇을 했는지에 대해 우리가 보유하고 있는 선명한 이미지들 때문에 심리학자들이 소위 "섬광전구" 기억이라고 부르는 것을 만들어 낸다. 이러한 기억은 잊을 수 없는 것으로 여겨지고, 미디어에서 면밀하게 보도되는 그런 참사들의 대강의 윤곽은 잘 기억되는 것이 사실이지만, 그 사건들을 둘러싼 당신의 개인적인 상황에 대한 기억은 반드시 정확하지 않을 수도 있다. 이런 현상에 관한 수많은 연구들이 있어 왔는데, 그 중에는 9월 11일의 공격에 대한 1,500명의 미국인들의 기억에 관한 설문조사가 포함된다. 이 연구에서 응답자들의 기억은 그 공격이 일어난 지 일주일 후, 1년 후, 3년 후, 그리고 10년 후에 다시 조사되었다. 응답자가 그 공격에 대해서 알게 되었을 당시 자신의 개인적인 세부사항에 관해 가장 감정을 자극하는 기억은 또한 그들이 가장 확신하는 기억인데, 역설적이게도 그것은 9/11에 대한 다른 기억에 비해 시간이 지나면서 가장 많이 변했던 기억이다.

[2]

1 🔒정답 Presenting / are represented

📄해설
"겁먹은 사람들에 대한 묘사는 사람들을 겁먹게 한다"의 재진술을 통해 동명사와 수동태의 활용을 묻고 있다.

2 🔒정답 the only way to prevent this effect is to suppress such representations

📄해설
to부정사의 형용사용법과 명사적 용법이 활용된 아래 구문을 활용한다.
the only way to v is to v

3 🔒정답 we can no more escape being affected by certain works of art than we could escape an infectious disease

📄해설
A is no more B than C is (D) 구문으로 no이 이중부정으로 than절 내에 부정표현을 사용하지 말아야 한다. escape는 동명사를 목적어로 사용함으로 내용 상 동명사의 수동표현에 주의한다.

4 🔒정답 vary

📄해설
이어지는 내용을 통해 예술을 받아들이는 사람들의 반응은 "다양하다"는 단어가 빈칸에 들어가면 된다.

5 🔒정답 (A) have an unavoidable impact on
(B) differ

📄해설
플라톤과 톨스토이는 예술 작품이 필연적으로 사람들의 감정에 영향을 미친다고 주장한다. 마치 사람들이 질병에 걸리는 것을 피할 수 없듯이(we can no more escape than we could escape an infectious disease). 하지만, 실제 반응의 정도는 "다르다"고 했으므로 빈칸에 각각 have an unavoidable impact on, differ가 들어가면 된다.

🔍해석
플라톤과 톨스토이 둘 다 특정 작품이 특정한 영향을 끼치는 것이 굳건히 확립될 수 있다고 생각한다. 플라톤은 비겁한 사람들의 표현은 우리를 비겁하게 만들기 때문에, 이러한 영향을 막는 유일한 방법은 그러한 표현들을 억누르는 것이라고 확신한다. 톨스토이는 진정으로 자부심의 감정을 표현하는 예술가가 우리에게 그 감정을 전달하기 때문에, 우리가 전염병을 피할 수 없는 것처럼 (그러한 감정을 받아들이는 것) 피할 수가 없다고 확신한다. 하지만 사실, 예술의 영향은 그렇게 확실하지도 않고 그렇게 직접적이지도 않다. 예술에 대한 사람들의 반응의 세기와 그 반응이 취하는 형식은 둘 다 매우 다양하다. 실제 삶 속에서 폭력에 대한 공상을 실행에 옮기는 대신 영화를 보면서 그러한 공상을 충족시키는 사람이 있을 수 있다. 심지어 폭력이 매력적으로 표현되어 있더라도 혐오감을 느끼는 사람도 있을 수 있다. 하지만 매력을 느끼지도 않고 혐오감을 느끼지도 않으면서, 전혀 미동도 하지 않는 사람들도 여전히 있을 수 있다.

[3]

1 🔒정답 for which

📋해설
be responsible for의 숙어 표현에서 for를 가져와 [전치사 + 관계대명사]의 표현을 완성한다.

2 🔒정답 an ability to put many pieces of a task together to form a coherent whole

📋해설
to부정사의 형용사적 용법과 부사적 용법을 우리말 해석에 맞게 적절하게 활용하면 된다.
an ability <u>to</u> <u>v</u> ~ <u>to</u> <u>v</u>

3 🔒정답 (A) analyze (B) forms (C) combining

📋해설
두 유형의 관리자를 비교하는 정의하는 내용이다. 기능형 관리자는 시스템 전체를 "구성하는 개별 요소들을 분석"하는 반면에 프로젝트 매니저는 구성 요소 전체를 "통합하는"데 중점을 둔다. 밑줄 친 표현과 문맥에 맞게 빈칸에 각각 analyze, forms, combining을 넣으면 된다.

🔍해석
기업 조직에는 기능형 관리자와 사업형 관리자라는 두 유형의 관리자들이 있다. 두 유형의 관리자들 모두 서로 다른 역할과 자질을 지니고 있다. 기능형 관리자들은 마케팅이나 엔지니어링 같은 한 회사의 부서 중의 하나를 이끌고, 자신들이 관리하는 영역에서 전문가들이다. 그들은 어떤 시스템의 구성요소들을 더 작은 요소들로 쪼개는 데 능숙하고 자신들이 담당하는 각각의 작업의 세부사항들에 관한 것을 알고 있다. 반면에, 사업형 관리자들은 어떤 분야의 전문가로서 직장생활을 시작한다. 사업형 관리자의 지위로 승진될 때, 그들은 (특정 분야) 전문적인 "애벌레"에서 여러 분야에 대해 많이 알고 있는 "나비"로 바뀌어야 한다. 그들은 각각 그 영역의 전문가들을 지닌, 많은 기능 영역들을 감독한다. 그러므로 (그들에게) 요구되는 것은 어떤 과업의 많은 조각을 모아 일관성이 있는 전체를 만들 수 있는 능력이다. 따라서 예를 들어 개구리를 이해하기 위해, 기능형 관리자들은 그것을 절개해 그것을 자세히 살펴보지만, 사업형 관리자들은 그것이 다른 개구리들과 헤엄치는 것을 보고 환경을 고려한다.

[4]

1 🔒정답 (A) associated with (B) firefighter (C) fearlessness (D) inspired

2 🔒정답 because his hair was red

📋해설
글 전체의 동사 시제가 과거임에 따라 was가 됨에 유의 한다.

3 🔒정답 dropped out of, help support

📋해설
"~하기 위해서"의 뜻을 가진 to부정사의 부사적용법을 활용한다.
drop out of school 자퇴하다 support 부양하다

4 🔒정답 Hollywood based a feature film on Adair's life starred by John Wayne in 1968

📋해설
동사 star는 타동사로 "주연을 맡다"의 의미가 있음에 유의해서 영작한다.

🔍해석
Adair Paul Neal은 평소에 "Red Adair"로 불렸다. 그의 붉은 색 머리카락 때문에, "Red"는 자연스러운 별명이었고 그를 상징하는 것이 되었다. 1915년 텍사스 휴스턴에서 태어난 그는 가난 속에서 성장했다. 그는 가족을 부양하는데, 도움을 주고자 고등학교를 그만두었다. Adair는 군대에 입대하기 전 유전에서의 7년간의 일을 포함하여 다양한 직업을 가졌다. 전쟁이 끝난 후, Adair는 유정지역의 화재를 진압하는 회사에서 직장을 구했다. 두려움이 없었던 그는 유명해졌다. 그는 회사에서의 경험과 전문기술 때문에 전쟁이 발발한 지역을 포함한 전 세계의 화재 현장으로 불려갔다. 할리우드는 Adair의 삶을 바탕으로 하여 1968년 John Wayne이 출연한 영화를 만들었다. 1994년 소방 활동에서 은퇴했을 때 Adair의 나이는 79세였다.

WARM UP

01

1 always denies me access to his computer

2 Regardless of the reader's level of focus / optimizes the amount of information they receive

3 where news articles were structured like suspenseful tales with a climactic revelation at the conclusion / readers who stopped reading before the end

4 Picture having to wait / to discover the outcome of major events

5 a commonplace manhole cover is transformed into a pineapple

6 All the problems that customers truly encountered with a marketing company

7 a platform for customers to conveniently compare products, experiences, and values with other customers

02

1 uncertain about how to deal with my brother

2 let you use the computer if they tell him to.

3 are instructed to commence their stories with the most critical details

4 would not have occurred to anyone to use railway tracks

5 appears to be raising the street and gathering fallen leaves beneath it

6 comes alive and narrates an astounding tale / who lead hectic lives in dreary, metropolitan settings

7 There were no more regulated modes of communication or even operational frameworks

---

실전편 04 회

[1]

1 🔒정답 ㉠ had been ㉡ relied on ㉢ got into trouble

📋해설
전체적으로 과거시제를 기준을 작성한 글이다. ㉠의 빈칸이 들어간 문장에 for a long time의 시간의 부사표현으로 보아 had been이 적절하다. ㉡의 경우 "의존했다"의 relied on이 적절하고, ㉢의 경우 got into trouble로 표현하면 된다.

2 🔒정답 ㉠ how ㉡ to ㉢ hogging

📋해설
(A)의 문장은 문맥상 동생이 컴퓨터를 독차지 하는 것에 대한 불평으로 어찌할바를 모르겠다는 의미이다. 해당 문장을 빈칸 ㉠의 "how to v"로 바꾸어 표현했으며, ㉡은 5형식 동사 get의 목적어 자리에 to부정사가, ㉢의 경우에는 stop v-ing의 동명사가 활용되었다.

3 🔒정답 What do you think I should do

📋해설
think 동사의 경우 의문사는 문두로 이동시켜 의문문을 만들어야 함에 주의한다.

4 🔒정답

ⓐ He never <u>allows</u> me <u>to</u> use his computer for my school projects
[allow + 목적어 + to v]의 5형식 구문을 활용한다.

ⓑ disregards
ignore의 동의어를 쓰는 문제이며, 주어가 3인칭 단수인 he이므로 -s를 붙이는 것을 잊지 않도록 한다.

ⓒ You need to start paying more attention in class

🔍해석
Sara, Linda, Judy는 어느 토요일 밤에 Judy네 집에 앉아서 이야기를 나누고 있었다. 그 세 소녀는 같은 학교에 함께 다녔고, 오랫동안 가장 친한 친구들이었다. 그래서 그들은 자신들의 문제에 대한 도움과 충고를 얻는데 서로에게 의지하였다. "난 우리 오빠를 어떻게 해야 할지 모르겠어." Sara가 말 했다. "오빠는 내가 학교 숙제를 하려고 컴퓨터를 쓰는 것을 절대 허락하지 않아. 너희들은 내가 어떻게 해야 한다고 생각하니?" "글쎄, 그 문제에 대해 오빠와 실제로 이야기는 해봤니?" Judy가 물었다. "오빠는 나를 무시해버려." Sara가 대답 했다. "난 네가 그 문제에 대해 부모님들께 말씀을 드려야 하는 거라고 생각해."라고 Linda가 제안했다. "부모님들이 그러라고 말씀하시면 너희 오빠도 네가 쓰도록 해야 할 거야." "아, 알겠어. 그건 그렇고, 난 오늘 또 수학 시간에 좀다 곤란해졌어."라고 Sara가 말했다.

[2]

1 🔒정답 maximizes

📋해설
뉴스 스토리가 피라미드 형식을 취하는 이유는 독자의 attention span(주의 지속 시간)과 관계없이 정보 습득량을 "극대화"하려는 의도이다. 3인치 단수표현에 주의한다.

2 🔒정답 If news stories were written like mysteries with a dramatic payoff at the end / readers who broke off in mid-story would miss the point

📋해설
가정법 과거 표현에 주의해서 영작한다.
If news stories were written like mysteries with a dramatic payoff at the end, readers who broke off in mid-story would miss the point

3 🔒정답 triangle, substantial, head, tapering

📋해설
좌측 도식화에 따라 첫 번째 빈칸은 아래쪽이 뾰족한 모양의 "삼각형(triangle)"이 들어가면 되고, 두 번째 빈칸의 경우 가장 "중요한"의 의미에 해당하는 substantial이 들어가며 들어가는 것이 적절하다. 세 번째 빈칸의 경우 "~의 맨 앞에 위치하다"의 head가 들어가고, 마지막 빈칸은 "좁아지는"인 tapering이 적절하다.

🔍해석
뉴스 리포터들은 그들의 이야기를 가장 중요한 정보로 시작하도록 배운다. 리드(laed)라고 불리는 첫 번째 문장은 이야기의 가장 근본적인 요소들을 담고 있다. 좋은 리드는 많은 정보를 전달할 수 있다. 리드 후에 정보는 중요도가 감소하는 순서로 제시된다. 언론인들은 이것을 "역피라미드" 구조라고 부른다 — 가장 중요한 정보(피라미드의 가장 넓은 부분)가 맨 위에 있다. 역피라미드는 독자들에게

아주 좋다. 독자의 주의 지속시간이 어떻든 간에 — 그녀가 리드만 읽든 전체 이야기를 읽든 — 역피라미드는 그녀가 얻는 정보를 극대화한다. 다른 방법을 생각해 보라: 만약 뉴스 이야기들이 마지막에 극적인 결말과 함께 미스터리처럼 쓰인다면, 이야기 중반부에서 중단한 독자들은 요점을 놓칠 것이다. 누가 대통령 선거 혹은 슈퍼볼에서 이겼는지 알아내기 위해 이야기의 마지막 문장까지 기다린다고 상상해 보라.

[3]

1 🔒정답 ㉠ where they live ㉡ which we can see on any street ㉢ people who are leading busy lives

📋해설
㉠의 경우 관계부사를 활용하여 where they live라고 영작하고, ㉡의 경우 목적격 관계대명사 which를 사용하여 which we can see on any street라고 하면 된다. ㉢의 경우 주격관계대명사 who와 "삶을 영위하다"는 live lives를 사용하여 people who are leading busy lives로 영작하면 된다.

2 🔒정답 Who would have thought of using train tracks as a music sheet

📋해설
수사의문문이므로 의문사 who로 시작하면 된다.

3 🔒정답 A green monster looks as if it were lifting the road and raking fallen leaves under it

📋해설
[as if S + v-과거시제 또는 were]의 활용한다.

4 🔒정답 ⓐ the city ⓑ ordinary

🔍해석
많은 거리 예술가들에게 그들이 사는 도시는 작품의 캔버스이다. 그들의 작업은 주류로 간주되지 않지만, 그들의 아이디어는 밝고 혁신적이다. 도시의 어느 거리에서나 볼 수 있는 맨홀 뚜껑이 노란 페인트를 칠한 파인애플로 변한다. 아무도 기찻길을 악보로 사용한다고 생각하지 않았을 것이다. 녹색 괴물은 마치 길을 들어 올리고 그 아래에 있는 낙엽을 긁어모으는 것처럼 보인다. 거리는 살아나고 놀라운 이야기를 들려주며 황량한 도시 환경에서 바쁜 삶을 살아가는 사람들에게 활력을 준다.

[4]

1 🔒정답 advent

📄해설
"도래"에 해당하는 a로 시작하는 단어는 advent이다.

2 🔒정답 not be kept secret

📄해설
앞뒤 문맥상 "비밀로 지켜지는 것은 없다"이므로 빈칸에
not be kept secret이 들어가면 된다. secret은 명사와
형용사가 다 가능하므로/있으므로 활용에 주의할 것.

3 🔒정답 Neither / nor

📄해설
양쪽 모두를 부정하는 상관등위접속사 neither A nor B
를 활용하면 된다.

4 🔒정답 whatever they wanted to know /
anything that they wanted to know

📄해설
복합관계대명사 whatever를 활용하여 아래에 해당하는
표현을 빈칸에 넣으면 된다.
whatever they wanted to know
anything that they wanted to know

5 🔒정답 The impact of the Internet on customer
relations and marketing

6 🔒정답

ⓐ allowing customers to easily access
information about companies and products
ⓑ providing a platform for them to share
experiences and opinions

🔍해석
인터넷의 등장으로 모든 것이 변했다. 제품 문제, 과장된
약속, 고객 지원 부족, 가격 차등과 같은 소비자들이 마케
팅 조직으로부터 실제로 경험했던 모든 문제가 갑자기 상
자 밖으로 튀어나왔다. 통제된 의사소통이나 사업 체계조
차 더는 존재하지 않았다. 소비자들은 그 회사의 제품과
서비스에 관해 이야기할 때 한 회사와 그곳의 제품, 경쟁
사, 유통 체계 그리고 무엇보다도 진정성에 대해 그들이
알고 싶어 하는 것은 무엇이든 인터넷을 통해 보통 알 수
있었다. 그만큼이나 중요하게도, 인터넷은 소비자들이 제
품, 경험 그리고 가치를 다른 소비자들과 쉽고 빠르게 비
교할 수 있는 장(場)을 열었다. 이제 소비자는 마케터에게
대응하고, 즉시 공론의 장을 통해 그렇게 하는 수단을 가
지게 되었다.

WARM UP

01

1 so significant that removing you would pose a significant challenge to him / require him to spend valuable time training someone else to take your place

2 Once such a relationship is formed / have the advantage of being able to influence the master to do what you want

3 what would have happened / if you had sent an email

4 responds to a question about their work habits with a pause or a strained voice / more complex than what they have initially provided

5 where women hold a status equal to that of men in their society

6 did not display any significant similarities or differences

7 If you have a desire to be organized / as being more organized than they actually are

02

1 The greatest power lies in the ability to influence others / comply with your desires

2 The most effective way to attain this position

3 if they believed that you were genuinely upset

4 an incredibly nuanced instrument that can express even the slightest variations and subtleties

5 The difference in mathematical aptitude between genders / may be more heavily influenced by the societal context in which we live

6 neither of the hypotheses are accurate

7 A connection was found / between an individual's ideal self-image and their perception of their partner

[1]

1 **정답** when they willingly grant you what you desire

해설
When으로 시작하는 부사절의 동격표현이므로 "그들은 기꺼이 당신이 바라는 일을 허용할 때"의 내용에 맞게 when they willingly grant you what you desire와 같이 영작할 수 있다. 4형식 수여동사 grant와 직접목적어 자리에 관계대명사 what을 활용한 what you desire를 직접목적어 자리에 둔 것을 확인한다.
when they willingly grant / you / <u>what you desire</u>

2 **정답** dependence / doing away with

해설
바로 뒤에 이어지는 내용으로 보아 ㉠의 경우 "의존"에 해당하는 dependence가 들어가면 된다. "제거하다"의 세 단어로 구성된 제시된 철자로 시작하는 표현은 do away with이므로 주어 자리에 있으므로 동명사를 사용하여 doing away with가 빈칸에 적절하다.

3 **정답** have the upper hand to make the master do

해설
"종이 주인에게 원하는 것을 할 정도로 우세하다"는 내용이므로 "우세하다"는 have the upper hand와 5형식 사역동사 make를 사용하여 have the upper hand to make the master do와 같이 영작하면 된다.

4 **정답** ⓐ ultimate power ⓑ how ⓒ dependence

해설
ultimate power의 개념과 의존(dependence)적 관계를 통해서 어떻게 ultimate power가 성취되는지 설명하는 글이다.

🔍해석
궁극적 힘은 당신이 바라는 대로 사람들이 하게 만드는 힘이다. 당신이 사람들을 강요하거나 다치게 하지 않으면서 이렇게 할 수 있을 때, 그들이 기꺼이 당신이 바라는 일을 줄(허용할) 때, 그러면 당신의 힘은 막강하다. 이러한 위치를 얻기 위한 가장 좋은 방법은 의존적 관계를 만드는 것이다. (당신의) 주인은 당신의 서비스를 요구한다; 그는 약하거나 당신 없이 생활할 수 없다; 당신은 그의 일에 매우 깊게 연관되어 있어서 당신 없이 일을 하는 것은 그에게 아주 큰 어려움을 가져다주거나, 적어도 당신을 대체할 다른 사람을 훈련하는 데에 소모된 가치 있는 시간을 의미한다. 일단 그러한 관계가 성립되면, 당신은 주인이 당신이 하고 싶은 대로 하도록 만들 수 있는 우월적 지위를 갖는다. 그것은 실제로 왕을 조종하는 왕의 시종의 고전적인 사례이다.

[2]

1 🔒정답 ⓒ that → if (또는 whether)
ⓓ sent → had sent

📋해설
ⓒ 불확실한 사실을 묻는 내용이므로 ask (사람) whether(if) S V
ⓓ 가정법 과거완료이므로 had p.p 활용한다.

2 🔒정답 Voice / subtle / communication

📋해설
미묘한 의사소통의 도구로써 "목소리"를 다루는 글이다. 3번의 요지문을 반영하여 작성하면 된다.

3 🔒정답 which / with which

📋해설
Our voice is a very subtle instrument and (it) can convey every shade and nuance.
Our voice is a very subtle instrument which can convey every shade and nuance.
두 번째 문장은 빈칸 뒤에 완전절이 있는 것으로 보아 [전치사 + 관계대명사]가 되어야 한다.
Our voice is a very subtle instrument with which we can convey every shade and nuance.

🔍해석
흥미로운 실험을 해 보라. 친구에게 전화를 걸어서, 화나지 않은 어조로, 즉, "너 나한테 승진한 거 말 안했잖아."와 같은 말이 다음에 이어질 때 쓸 것 같은 어조로, "나 너한테 화났어."라고 말해 보라. 그런 다음 그 친구에게 정말로 여러분이 화가 났다고 생각하는지 물어보라. 대답은 아마 "아니야."일 것이다. 이제 그 친구에게 "나 너한테 화났어."라고 쓴 이메일을 보냈다면 어떤 일이 생겼을지 상상해 보라. 우리의 목소리는 아주 미묘한 도구이고 모든 미묘한 차이를 전달할 수 있다. 어느 채용 담당 중역은 추천서 내용을 확인하기 위해서 이메일을 절대 사용하지 않는다고 말했다. 그녀가 전화 통화를 할 때, (채용 예정자의) 근무 태도에 관한 질문에 대한 대답에서 머뭇거림이나 긴장된 목소리는 그녀가 받은 대답보다 더 복잡한 대답의 암시일 수도 있는 것이다.

[3]

1 🔒정답 we all <u>thought boys to be better than girls at math.</u>

📋해설
we all <u>thought</u> / <u>boys</u> / <u>to be</u> better than girls at math.
　　　　　v5　　　　o　　　o.c

2 🔒정답 might have more to do with the society we live in

📋해설
"~와 관련이 있다"의 have something to do with에서 "~와 더 연관이 있다"는 have more to do with와 목적격관계대명사가 생략된 the soceity (which) we live in을 활용한 영작이다.

3 🔒정답 ⓐ In countries where women occupy an equal position to men in society
ⓑ in countries with lower levels of gender equality

📋해설
ⓐ의 경우 장소 관계부사를 활용한[N(장소) where S V], ⓑ의 경우 N with ~ 구문을 활용 각각 활용한 영작이다.

4 🔒정답 (A) gap (또는 difference) (B) equality

📑 해설
"생물학적 수학능력의 차이와 성평등의 수준의 관계"를 다루는 글이다.

🔍해석
남자아이가 여자아이보다 수학을 잘한다. 아니, 우리 모두가 그렇게 생각했다. 수리 능력이 성별에 따라 차이가 있는지 없는지, 만약 차이가 존재한다면, 그 이유는 무엇인지 오랫동안 논의되어 왔다. 새로운 연구에 따르면, 사실상 수리 능력의 성별 차이는 남녀 간 생물학적 차이보다는 우리가 살고 있는 사회와 더 밀접한 관련이 있을지도 모른다. 최근 연구자들은 40개국의 275,000명 이상의 15세 학생들이 치른 수학 시험 결과를 살펴보았다. 스웨덴과 같이 여성이 사회적으로 남성과 동등한 지위를 가지고 있는 국가에서는 수리 능력에 있어서 실질적으로 성별의 차이가 없었다. 그러나 터키와 같이 성 평등 수준이 낮은 국가에서는 남자아이가 여자아이보다 수학 시험에서 더 나은 결과를 얻었다.

[4]

1 🔒정답 ㉠ are → is (동명사 주어 확인)

㉢ do people attracted to those → are people attracted to those (so 도치구문으로 be attracted to의 be동사가 쓰여야 함))

㉣ them → themselves ("그들 자신과 같은"에 해당하는 재귀대명사가 쓰여야 한다)

㉤ significantly - ㉤ significant ("유사성"의 명사를 수식하는 형용사가 적절함)

2 🔒정답 more organized

📑 해설
근거: there was a correlation between a person's optimal self-concept and the perception they had of their partner.
이상적 자아와 파트너에 대한 그들의 인식 사이에 밀접한 연관성이 있다는 내용이므로 more organized가 들어가야 한다.

3 🔒정답 neat freak (지나칠 정도로 깔끔을 떠는 사람)

4 🔒정답 (A) ideal (B) characters

📑 해설
본문의 요지는 "파트너를 고르는 선택의 기준은 파트너 간의 성격상의 유사성이나 차이점이 아니라 본인이 가진 이상적 자아개념에 영향을 받는다"는 내용이다.

🔍해석
"배우자를 선택할 때는 반대에 끌린다."는 말은 파티를 좋아하는 사람과 조용하고 내성적인 사람처럼 대조적인 커플을 볼 때 갖게 되는 흔한 반응이다. 그러나 우리 모두는 비슷한 성격을 가진 커플들을 알고 있는데, 그들은 같은 식당을 좋아하거나 둘 다 깔끔을 떠는 사람들이기도 하다. 그렇다면 사람들은 자신의 성격을 보완하기 위해 자신과 다른 사람들에게 끌리거나, 성격을 긍정적으로 강화하기 위해서 자신과 비슷한 상대를 찾는 것일까? 두 가설 모두 사실이 아니라고 밝혀졌다. 36쌍의 커플을 대상으로 한 연구는 두 사람 사이에 성격상의 큰 유사점이나 차이점이 없다는 것을 알아냈다. 다시 말하면, 배우자 각각의 성격 사이에는 연관성이 없었지만, 본인의 이상적인 자아 개념과 그들이 상대방에 대해 가지고 있는 인식 사이에는 연관성이 있었다. 그러므로 만약 당신이 체계적인 사람이 되고자 한다면, 당신은 당신의 파트너가 실제보다 더욱 체계적인 사람이라고 믿을 것이다.

06회 내신 서술형 실전

WARM UP

01

1 Revitalizing an experience / in a manner that eliminates the least interesting aspects / enhancing the tedious parts by manipulating the facts

2 This broader understanding of "we" / individuals who were dissimilar to themselves / even when they were interviewed fifty years later / a more diverse range of people and causes

3 The act of reducing the risk of spreading infection / where pathogens are more prevalent / a strategy that has been shaped by cultural evolution

4 that are wary of outsiders / decreasing exposure to illnesses / for which an individual lacks natural immunity

5 The high concentration of languages found in tropical regions / impede communication between communities and thereby restrict the spread of infection

6 appear to be linked with one another / because of the influence of a third variable

7 endeavor to assert causality / other variables that could potentially lead to a mistaken relationship

02

1 discovering effective ways to convey personal experiences to suit the audience

2 Unless you can make your daily occurrences appear engaging

3 potential parents who wish to foster their children's charitable nature

4 a diverse range of people / to create positive associations

5 The fact that diseases are more prevalent in tropical regions than in higher latitudes / an intriguing aspect of language distribution

6 Despite the apparent correlation between two variables

7 as shoe size increases

실전편 06회

[1]

1 🔒정답 inventive

📋해설
근거: That is, the art of storytelling involves <u>finding good ways to express one's experiences in a way appropriate to the listener.</u> + 뒤에 이어지는 내용인 invented stories, inventing stores와 같은 표현을 통해서 답을 추론할 수 있다.(단, 문맥에 맞게 형용사형인 inventive임에 주의한다.)

2 🔒정답 unless you can make what happened appear interesting

📋해설
이중부정이 불가한 [unless S V] 구문 내 5형식 사역동사 make를 활용한 영작이다. "흥미로운"의 현재분사 interesting 의 형태에 주의한다.
unless you can <u>make</u> / <u>what happened</u> / <u>appear interesting</u>
              v5   o   o.c

3 🔒정답 (A) modify (B) enjoyable

🔍해석
사람들은 자기 자신의 경험에 대해 항상 이야기하지만 똑같은 경험에 대해 매번 똑같은 방식으로 반드시 말하지는 않는다. 말하기 과정은 직접 체험에서 얻는 경험을 말할 때조차도 매우 창의적인 과정이 될 수 있다. 즉, "이야기하기" 기술은 자신의 경험을 청자에게 적합한 방식으로 표현하는 좋은 방법을 찾는 것을 포함한다. 따라서 지어낸 이야기와 직접 한 경험을 말하는 것은 종이 한 장 차이이다 [차이가 거의 없다]. 오락 요소는 이야기를 지어내는 것에 존재하는 것과 꼭 마찬가지로 직접 체험에서 얻은 경험을 말하는 것에도 존재한다. 여러분이 일어난 일을 흥미롭게 보이게 만들 수 없다면, 아무도 오늘 여러분에게 일어난 일에 귀 기울이기를 원하지 않는다. 어떤 경험을 생동감 있게 만드는 과정은 가장 지루한 부분을 없애 버리는 것과 같은 방식으로 순전히 그 경험을 말하는 것을 포함하거나, 그것은 또한 사실을 여러모로 활용하여 지루한 부분을 '개선하는 것'을 포함하는 것이다.

[2] ·············o

1 🔒정답 European Gentiles who harbored Jews from the Nazis

📋해설
나치로부터 유대인들을 숨겨 준 유럽의 비유대인들을 지칭한다.

2 🔒정답 walk

The expression "people from all walks of life" is used to refer to people who have many different jobs or positions in society.

📋해설
"각계각층의 사람들"이라는 표현은 사회에서 다양한 직업이나 지위를 가진 사람들을 지칭하는 데 사용된다.

3 🔒정답 <u>Not only was</u> this expanded sense of "we" related to their decisions to aid people different from themselves during the war but also, when (they were) interviewed half a century later, rescuers were still helping a greater variety of people and causes.

📋해설
not only 도치구문에 주의한다.

5 🔒정답 ㉠ relationship ㉡ help

📋해설
"어린 시절에 다양한 종류의 사람들과 우호적인 관계를 가졌던 사람들은 곤경에 처한 사람들을 돕는 경향이 생긴다"는 내용이다.

6 🔒정답 charitable

📋해설
곤경에 처한 사람들을 돕는 사람의 성격을 나타내는 "자선적"이란 의미의 charitable이 정답이다.

🔍해석
Samuel과 Pearl Oliner는 나치로부터 유대인을 은닉한 유럽 이방인과 그렇지 않은 사람들 사이에 큰 차이가 있음을 발견했습니다. 구조자들은 다양한 사회 계층과 종교를 가진 더 많은 사람들과 밀접한 어린 시절의 연계성을 보고 했습니다. 더욱이 그들은 자라면서 구조자가 아닌 사람들보다 더 넓고 다양한 집단의 사람들과 유사성을 느꼈습니다. 이렇게 확장된 "우리"의 의미는 전쟁 중에 자신과 다른 사람들을 돕기로 한 결정과 관련이 있을 뿐만 아니라 반세기 후 인터뷰에서 구조자들은 여전히 더 다양한 사람과 대의를 돕고 있었습니다. 이 모든 것은 자녀가 폭넓게 자선적인 성격을 개발하기를 원하는 장래의 부모를 위한 조언이 됩니다. 가정에서 다양한 배경을 가진 사람들과 긍정적인 접촉을 하도록 하십시오.

[3] ·············o

1 🔒정답 how languages are distributed

📋해설
be distributed의 수동표현에 주의한다.

2 🔒정답 ㉠ larger - smaller

📋해설
글의 내용 상 적도 부근은 "병원균이 더 조밀하게 밀집된 지역"이기에 언어 공동체(특정 한 언어를 말하는 사람들의 수)가 더 적어야 서로 다른 민족 간 접촉이 적어진다. 그러므로 larger가 아니라 smaller가 되어야 한다.

3 🔒정답 (A) hinder (B) infections

📋해설
"열대 지방에서 발견되는 높은 언어 밀도는 집단 간의 접촉을 방해하고 따라서 전염병의 확산을 막을 수 있다"는 내용이다.

4 🔒정답 creating smaller, more inward-looking, and xenophobic societies may help to reduce exposure to diseases to which one has no natural immunity

📄해설
주부: <u>creating smaller, more inward-looking, and xenophobic</u> societies
형용사 병치에 유의한다.
서술부: may help to reduce exposure to diseases <u>to which</u> one has no natural immunity
관계대명사를 활용한 영작으로 have immunity to의 전치사 to가 관계대명사 which 앞으로 이동하면서 to which가 된 점에 유의한다.

🔍해석
위도가 더 높은 지방에서보다 열대 지방에서 무서운 질병이 더 흔하다는 사실은 언어가 어떻게 분포되어 있는지에 관한 특이한 특징, 즉 위도가 더 높은 지역에서 그런 것보다 적도 근처에서 언어 밀도(단위 면적 당 언어의 수)가 훨씬 더 높고, 언어 공동체(특정 언어를 말하는 사람들의 수)는 매우 훨씬 더 작다는 것을 어느 정도 설명해 줄 수 있다. 이에 대한 한 가지 설명은, 그것이 병원균이 더 조밀하게 밀집된 지역에서 교차 감염의 위험을 줄이려는 문화적으로 진화된 전략이라는 것일 수 있다. 언어 장벽이 서로 다른 집단 간(에 발생하는) 접촉 기회를 상당히 줄여 감염 위험을 최소화한다. 따라서 규모가 더 작고, 내부 지향적이며, 외부인을 꺼리는 사회를 만들어 내는 것이 자연 면역이 없는 질병에 노출되는 것을 줄이데 도울 수 있다.

[4]

1 🔒정답 spurious

📄해설
영영풀에 해당하는 단어는 "위조의'라는 뜻을 가진 spurious이다.

2 🔒정답 association

📄해설
앞의 내용에 대한 예시의 내용이다. 두 변수가 단지 인과적 필연관계가 아닌 "연계성"을 가진다는 내용이므로 빈칸에 association이 들어가야 한다.

3 🔒정답 As shoe size increases, reading ability improves.

📄해설
밑줄 친 내용이 가리키는 내용은 as shoe size increases, reading ability improves이다.

4 🔒정답 they must rule out other variables that may be creating an incorrect relationship.

📄해설
앞서 언급된 예시의 내용과 함께 제시어의 단어들로 보아 "두 변수의 인과적 관계에 대한 바른 주장을 하기 위해서 잘못된 관계를 만들어내는 변수를 제거해야 한다"는 내용을 영작하면 된다. 해당 문제는 본문의 문맥적 의미를 파악하는 것도 중요하지만, 제시어를 바탕으로 문맥에 맞는 문장을 만드는 방법으로 접근한다.

🔍해석
두 변수가 연관 되어 있는 것처럼 보이지만, 인과관계가 없을 수도 있습니다. 사실, 두 변수는 어떤(some) 세 번째 변수의 영향으로 인해 서로 연관되어 있는 것처럼 보일 수 있습니다. 사회학자들은 그러한 오해의 소지가 있는 관계를 가짜(spurious)라고 부릅니다. 고전적인 예는 아이들의 신발 크기와 읽기 능력 사이의 분명한 연관성입니다. 신발 사이즈가 커질수록 읽기 능력이 좋아지는 것 같습니다. 이것이 발의 크기(독립변수)가 읽기 능력(종속변수)의 향상을 가져온다는 것을 의미합니까? 확실이 아닙니다. 이 잘못된 관계는 신발 크기 및 읽기 능력과 관련된 세 번째 요인인 연령에 의해 발생합니다. 따라서 연구자가 독립 변수와 종속 변수 사이의 관계에 대해 인과적 주장을 하려고 시도할 때, 잘못된 관계를 만들 수 있는 다른 변수를 배제해야 합니다.

07회

WARM UP

01

1 was monitored by scientists to observe / how it responded to words, phrases, and sentence structures / particularly when they were unusual, surprising or difficult

2 Reading challenging poetry can stimulate the right hemisphere of the brain / in light of what they have read

3 the fuel that the forest fire needs to continue

4 The mechanical clock was invented by people / influenced by the monks living in monasteries

5 To announce the seven hours of prayer each day / had to be rung at precise intervals / necessitating accurate timekeeping

6 stop fighting for one's own viewpoint / accept the opinions of a trustworthy group

7 Despite experiencing repeated pain from being wrong / may never become open-minded and persist in their beliefs

02

1 stays activated for a prolonged period / which encourages further reading

2 activate self-reflection and inspire readers to read more

3 the fuel that the forest fire needs to survive

4 a weight tied to a rope on a revolving drum

5 It is important to have independent thinking and defend your beliefs

6 to be open-minded and trust in the conclusions of a trustworthy group of people / sticking to one's own beliefs

[1]

1 **정답** make the brain electrically more active

해설
"뇌를 고단 기어로 전환한다"는 말은 ⊙의 내용으로 보아 "뇌를 전기적으로 더 활발하게 만든다"는 뜻이므로 make the brain electrically more active와 같이 영작하면 된다.

2 **정답** (A) demanding (B) activates

해설
reading the more <u>challenging</u> version of poetry, in particular, increases activity in the right hemisphere of the brain, <u>helping the readers to reflect on and reevaluate their own experiences in light of what they have read</u>.
위 밑줄 친 내용으로 보아 빈칸에 각각 demanding과 activates가 들어가면 된다. 단어의 형태에 주의한다.

해석
전문가들은 고전 텍스트를 읽는 것이 독자들의 관심을 사로잡아 자기 성찰의 순간을 촉발함으로써 정신에 유익하다는 것을 발견했다. 지원자들이 고전 작품들을 읽을 때, 그들의 뇌 활동이 추적 관찰되었다. 그런 다음에 이 동일한 텍스트가 더 쉽고 현대적인 언어로 '번역'되어 독자들이 그 글을 읽을 때 그들의 뇌가 다시 추적 관찰되었다. 정밀 검사는 더 어려운 글과 시가 더 평범한 버전보다 뇌 속에서 훨씬 더 많은 전기적 활동을 유발한다는 것을 보여주었다. 과학자들은 뇌가 각 단어에 반응할 때에 뇌의 활동을 연구하여, 독자들이 특이한 단어, 놀라운 구절, 혹은 어려운 문장 구조를 만났을 때 그것이 어떻게 점화되는지 기록할 수 있었다. 이 점화는 뇌를 고단 기어로 전환할[더 활발하게 활동하도록 전환할]만큼 충분히 오래 지속되어, 더 깊은 독서를 독려한다. 이 연구는 또한 더 어려운 버전의 시를 읽는 것이 특히 우뇌의 활동을 증가시켜서 독자들이 자신이 읽은 것에 비추어 자신의 경험을 되돌아보고 재평가하도록 돕는다는 것을 발견했다.

[2]

1 🔒정답 ㉠ drawn
pull과 같은 의미의 단어는 draw이다. 문맥에 맞게 과거분사형인 drawn이 적절하다.
㉡ replace
빈칸에 replace가 들어가면 된다.

2 🔒정답 consumes the fuel necessary for the forest fire to survive

📋해설
burn away의 동의어로 consume을 사용하고, to부정사의 의미상의 주어를 활용하여 아래와 같이 영작한다.
consumes the fuel necessary (for the forest fire) to survive   의미상의 주어

🔍해석
불길 위의 뜨거워진 공기는 연기와 연소된 가스로 기둥 모양을 이루어 솟아 올라가면서, 옆에서 새로운 공기를 끌어들여 그 빈 공간을 채운다. 소방수들은 "불로 불을 끌 때" 이 사실을 이용한다. 그들은 잡으려는 불길 앞에 불을 피운다. 이 작은 불줄기는 그 지독한 불길 앞에서 계속 나아가지 못하고, 더 큰 불길의 상승기류에 의해 그쪽으로 끌려간다. 작은 불이 끌려 들어가 큰 불과 마주칠 때, 그 작은 맞불은 산불이 계속 타기 위해 필요한 연료를 연소시켜 버린다.

[3]

1 🔒정답 ㉠ was influenced by ㉡ be rung
㉢ reserved for

📋해설
모두 수동태와 과거분사를 활용해서 문맥에 맞게 표현하면 된다.

2 🔒정답 only

📋해설
nothing more than = only

3 🔒정답 The discovery of the pendulum in the seventeenth century led to the widespread use of clocks and enormous public clocks.

4 🔒정답 hungry, sleepy

📋해설
They ate at meal time, rather than when they were h_____, and went to bed when it was time, rather than when they were s_____.
첫 번째 빈칸의 경우 밑줄 친 표현을 참고하여 "배고플 때가 아닌 식사 시간에"라는 표현에 맞게 hungry가, 두 번째 빈칸은 "졸릴 때가 아닌 잠자리에 들 시간에"에 맞게 sleepy가 들어가면 된다.

5 🔒정답 origin, effect

📋해설
"기계식 시계의 기원과 그것이 사람들의 삶에 미친 영향"을 다루는 글이다. 제시된 철자로 시작하는 origin과 effect가 각각 들어가면 된다.

🔍해석
기계식 시계의 발명은 질서와 규칙적인 일상의 예시가 되는 수도원에 살았던 승려들에 의해 영향을 받았다. 그들은 기도를 위해 수도원의 종이 규칙적인 간격으로 울려 하루 중 지정된 일곱 시간을 알릴 수 있도록 시간을 지켜야 했다. 초기의 시계들은 회전하는 드럼통 주위에 감긴 줄에 묶인 무게추에 불과했다. 시간은 무게를 단 줄의 길이를 관찰하는 것에 의해서 정해졌다. 17세기의 흔들리는 추의 발견은 시계와 큰 대중 시계의 광범위한 사용으로 이어졌다. 마침내, 시간을 지키는 것은 시간에 복종하는 것이 되었다. 사람들은 그들의 자연적 생체 시간보다는 기계식 시계의 시간을 따르기 시작했다. 그들은, 배고플 때보다는 식사 시간에 먹었고, 졸릴 때보다는 시간이 되었을 때 자러 갔다. 심지어 정기 간행물들과 패션도 "연간으로" 되었다. 세상은 질서 정연하게 되었다.

[4]

1 🔒정답 there comes a time when it's wiser to stop fighting for your view

📋해설
관계부사 when이 활용된 [There comes a time when S V]는 하나의 표현으로 암기해 둘 것. [It ~ to V]의 가주어/진주어 구문과 "~하던 것을 멈추다"의 stop v-ing의 다양한 구문이 활용되었다.

2 🔒정답 what a trustworthy group of people think is best

📝해설

what (a trustworthy group of people think) is best
관계대명사 what과 동사 is 사이에 밑줄 친 S V의 절이 삽입된 형태이다.

3 🔒정답 you continue doing what you think is best / all evidence and the trustworthy people are against you

📝해설

continue v-ing 계속해서 ~하다
what (you think) is best 네가 생각하는 최선의 것(관계대명사 삽입구문)
be against ~에 반대하다

4 🔒정답 ㉠ of you to be open-minded → for you to be open-minded (to 부정사의 의미상의 주어)
㉣ from betting what → from betting that (완전절을 가지는 명사절 that)

🔍해석

독자적으로 생각하고 자신이 믿는 것을 위해 싸우는 것도 중요하지만, 자신의 생각을 위해 싸우는 것을 중단하고 신뢰할 수 있는 집단이 가장 좋다고 생각하는 것을 받아들이는 쪽으로 나아가는 것이 현명할 때가 발생한다. 이것은 매우 어려울 수 있다. 하지만 여러분이 마음을 열고 신뢰할 수 있는 집단의 결론이 여러분이 생각하는 어떤 것보다 낫다는 믿음을 갖는 것이 더 영리하고 궁극적으로 더 좋다. 만약, 여러분이 그들의 생각을 이해할 수 없다면, 여러분은 아마도 단지 그들이 생각하는 방식을 보지 못하는 것이다. 모든 증거와 신뢰할 수 있는 사람들이 당신에게 반대할 때 당신이 최선이라고 생각하는 것을 계속한다면, 당신은 위험할 정도로 자신감에 차 있는 것이다. 사실, 대부분의 사람들은 믿을 수 없을 정도로 마음을 열게 되는 반면, 어떤 사람들은 자신이 옳지 않았을 때 옳았다고 확신하는 것으로부터 많은 고통을 겪고 난 후에도 그럴 수 없다는 것이다.

08회 내신 서술형 실전

WARM UP

01

1 Those who ring sets of tower bells / their bells are not in tune with each other
2 are scraping metal off the larger bells / until they are as thin as the smaller ones
3 used to complain about living in the city of Los Angeles
4 seem like a game of Ping-Pong
5 fails to contribute enough or ask enough questions / will come to a halt
6 can provide information about the tree's age and the weather conditions
7 If the tree has undergone stressful conditions such as a drought / it may hardly grow at all during that period

02

1 may be caused by acid rain / which can corrode the metal of the bells and affect their sound quality
2 not producing the expected or desired sounds
3 be more susceptible to damage from acid rain / causing them to become out-of-tune
4 Moving to a different city / improve his quality of life
5 felt a sense of remorse / leaving behind the enjoyable climate and exciting lifestyle of Los Angeles
6 One person dominating the conversation / cause the other to feel impatient / leading to an unbalanced exchange
7 depending on the weather conditions of each year / with warm and wet years producing wider rings and cold and dry years producing thinner ones

실전편 08 회

[1]

1 🔒정답 ③ bigger bells do → bigger bells are

📄해설
생략 구문이다. 아래와 같이 correded가 생략되어 be 동사 are가 남아야 한다.
Worse, smaller bells <u>are corroded</u> more quickly than <u>bigger bells are (corroded)</u>.

2 🔒정답 anything

📄해설
"~와 관련이 있다"는 have something to do의 표현을 응용한 것으로 문맥상 의문사가 없는 의문문에서 have anything to do와 같이 something이 anything으로 바뀌어 표현되었다.

3 🔒정답 eats away

📄해설
"부식시키다"는 단어로 eat away에 해당하는 단어이며, 주격 관계대명사의 계속적 용법이므로 which는 acid rain 이므로 단수취급해야 한다.

4 🔒정답 ㉠ wouldn't ㉡ But for

📄해설
"산성비가 없다면 종들이 서로 음이 틀리지 <u>않을 것이다</u>"는 내용이므로 밑줄 부분에 맞추어 wouldn't이 들어가면 된다. "~이 없다면"에 해당하는 가정법 표현은 But for 또는 without으로 표현이 가능하다. 참고로, 아래 가정법 과거와 과거완료 표현도 암기해 두도록 한다.

5 🔒정답 go out of tune

📄해설
"음정이 맞지 않다"를 become류 동사를 사용한 관용표현으로 go out of tune이라고 표현한다.

6 🔒정답 ㉠ makes ㉡ go out of tune ㉢ corrosion

📄해설
산성비는 <u>부식작용을 통해</u> 벨들이 서로 소리가 <u>맞지 않게 만든다.</u>

🔍해석
산성비는 선율이 맞지 않는 교회 종과 어떤 관계가 있을까? 네덜란드의 많은 종탑들 안에는 거의 15000개의 종들이 있다. 최근에 그 종들은 원래 내야 할 소리를 내지 못하고 있다. 종탑의 종을 울리는 사람들은 종의 선율이 더 이상 맞지 않는다는 사실을 알고 있다. 그 원인은 산성비인데, 그것이 금속으로 된 종을 부식시키고 있기 때문이다. 종이 녹슬어감에 따라 그 소리는 변한다. 설상가상으로 더 작은 종이 더 큰 종보다 부식속도가 더 빠르다. 이는 종들이 선율이 서로 맞지 않다는 것을 의미한다. 지금은 네덜란드인들이 큰 종들이 작은 종들만큼 얇아질 때까지 금속을 긁어내고 있다. 그러나 산성비가 그 종들 위에 내리기를 멈추지 않는 한, 결국 종들은 또 다시 선율이 맞지 않게 될 것이다.

[2]

1 🔒정답 ㉣ received → receiving
㉤ to leave → leaving

📄해설
㉣ 전치사 after 뒤의 동명사 병치를 확인한다.
Right after <u>finishing</u> his program and <u>receiving</u> his degree
㉤ 과거의 행동을 후회할 땐 [regret + 동명사]이다.
He regretted <u>leaving</u> the sunny weather ~

2 🔒정답 three years studying in a college

📄해설
[spend + 시간 + v-ing]의 구문을 활용한다.

3 🔒정답 made / regret

📄해설
5형식 사역동사 구문과 regret v-ing(~했던 것을 후회하다) 표현의 활용을 묻는 문제이다.

4 🔒정답 greener

📋해설

The grass is always greener on the other side.
한 사람의 상황이 어떻든 간에 언제나 다른 사람의 처지가 더 나아 보인다는 내용으로 우리말에 "남의 떡이 더 커 보인다"와 일맥상통하는 속담이다.

🔍해석

내 친구 Martin은 대학에서 공부하면서 3년 동안 살았던 Los Angeles시에 대해 불평하곤 했다. 그는 여기저기 돌아다니고 싶었지만, 교통 체증과 높은 물가 때문에 그렇게 할 수 없었다. Martin은 그가 다른 도시로 이사할 수 있다면 삶이 훨씬 나아질 것이라고 생각했다. 프로그램을 마치고 학위를 받은 직후 Martin은 Boulder로 이사했다. 그러나 얼마 지나지 않아 그는 추운 날씨와 지루한 삶에 대해 다시 불평하기 시작했다. 그는 로스앤젤레스의 화창한 날씨와 신나는 라이프 스타일을 떠나온 것을 후회했다.

[3]

1 🔒정답 gets interrupted

📋해설

탁구에서 공이 다시 넘어오지 않는다는 것은 대화가 "멈춘다"는 뜻이므로 이는 "중단되다"는 뜻이므로 타동사 interrupt를 넣어 표현하면 gets interrupted로 표현하면 된다.

2 🔒정답 if one person doesn't say enough or ask enough questions to keep the conversation going

📋해설

[keep + 목적어 + v-ing] 표현을 활용한다.
주의. keep + 목적어 + from v-ing] ~가 ~하는 것을 막다

3 🔒정답 because the styles are unfamiliar

📋해설

구를 절로 바꾸어는 문제로 아래와 같이 바꾸면 된다.
<u>because of</u> the unfamiliar styles
= <u>because</u> the styles are unfamiliar

---

4 🔒정답 ㉠ talk too much 또는 dominate the conversation, ㉡ dominance over the conversation

📋해설

hold the ball too long은 아래의 문장에서 알 수 있듯이 "지나치게 말을 많이 한다"는 talk too much 또는 dominate the conversation에 해당한다. 이는 "대화를 전적으로 지배하다"는 뜻이므로 빈칸의 문맥을 고려해 dominance over the conversation와 같은 표현을 빈칸에 넣으면 된다.
If either person <u>talks too much</u>, the other may become impatient and feel that <u>he or she is dominating the conversation</u>.

🔍해석

미국인들이 대화를 할 때, 그들이 탁구 경기를 하는 것처럼 보인다는 것을 일부 외국인들은 관찰했다. 한 사람이 공을 갖고 나서 테이블의 반대쪽으로 공을 친다. 상대편 선수는 그 공을 되받아치고 게임은 계속된다. 한 사람이 공을 돌려주지 않으면 대화는 멈춘다. 두 사람 중 한 사람이 너무 많이 이야기하면 상대편은 안달하기 시작하고, 그 사람이 대화를 독점하고 있다고 느낄지도 모른다. 마찬가지로, 한 사람이 충분히 말을 하지 못하거나 대화를 계속 이어지게 할 정도의 질문을 하지 않으면, 대화는 멈춘다. 많은 북아메리카 사람들은 단지 문화적으로 다른 대화 스타일이 익숙하지 않기 때문에 그 스타일에 조바심을 낸다. 예를 들어, 많은 북아메리카 사람들에게 일부 라틴 아메리카 사람들이 공을 너무 오랫동안 붙들고 있는 것처럼 보인다.

[4]

1 🔒정답 ㉠ suggesting ㉡ climate ㉢ like

📋해설

"나무의 나이테를 보면 과거 기후 정보를 얻을 수 있다"는 내용이다.

2 🔒정답 sensitivity

📋해설

빈칸에 들어갈 단어는 "민감성"이다.
Because trees are <u>sensitive</u> to local climate conditions, such as rain and temperature, they give scientists some information about that area's local climate in the past.
본문에서 언급된 sensitive를 문맥에 맞게 명사형인 sensitivity로 바꾸어 빈칸에 넣어야 한다.

3 🔒정답 (가) how old the tree is (나) in years when it is cold and dry

📋해설
(가) [의문사 (형용사/부사) + 주어 + 동사]의 의.주.동 활용.
(나) 관계부사 when과 비인칭 주어 it를 활용에 주의.

4 🔒정답 especially

📋해설
in particular는 부사구로 especially로 바꾸어 표현할 수 있다.

🔍해석
만약 여러분이 나무 그루터기를 본적이 있다면, 아마도 그 루터기의 꼭대기 부분에 일련의 나이테가 있는 것을 보았을 것이다. 이 나이테는 그 나무의 나이가 몇 살인지, 그 나무가 매해 살아오는 동안 날씨가 어떠했는지를 우리에게 말해 준다. 나무는 비와 온도 같은, 지역의 기후 조건에 민감하므로, 그것은 과거의 그 지역 기후에 대한 약간의 정보를 과학자에게 제공해 준다. 예를 들어, 나이테는 온화하고 습한 해에는 (폭이) 더 넓어지고 춥고 건조한 해에는 더 좁아진다. 만약 나무가 가뭄과 같은 힘든 기후 조건을 경험하게 되면, 그러한 기간에는 나무가 거의 성장하지 못할 수 있다. 특히, 매우 나이가 많은 나무들은 관측이 기록되기 훨씬 이전의 기후에 대한 단서를 제공해 줄 수 있다.

09회 내신 서술형 실전

WARM UP

01

1 the human desire to cooperate / influenced by the feeling of being observed / be useful in promoting positive outcomes
2 avoid taking actions that may lead to success / because of discomfort or unease
3 it is necessary to achieve success by trying new approaches
4 are covered by marine algae / absorb sunlight and turn it into heat / instead of reflecting it back into space
5 are likely to play a role in almost every human activity
6 athletes have long been given advice on foods / that may improve their performance
7 adopt certain practices based on recommendations from those who have achieved success / even if the benefits are not scientifically proven

02

1 act as a subtle cue of being watched / leading to increased cooperation and more significant contributions in social situations
2 Avoiding discomfort / hinder one's ability to achieve success and reach their goals
3 Embracing discomfort and pushing oneself outside of their comfort zone
4 play a role in almost every aspect of life on earth
5 essential for the survival of all living organisms on earth
6 have used various foods and substances to enhance their performance in sports

7 have experimented with various techniques and substances throughout history / in attempts to improve their athletic performance

실전편 **09** 회

[1]

1 🔒정답 in which

📖해설
[전치사 + 관계대명사]로 선행사 box와 "~을 놓다"의 place로 보아 in which가 적절하다.
people <u>placed</u> coffee fund contributions <u>in</u> the honesty box

2 🔒정답 contribution(s)

📖해설
기부금에 해당하는 단어로 contribution(s)이 답이다.

3 🔒정답 Over the ten weeks of the study, contributions during the 'eyes weeks' were almost three times higher than those made during the 'flowers weeks.'

📖해설
비교급 앞에 쓰이는 배수사와 대명사 those의 활용에 유의해서 영작한다.
(Over the ten weeks of the study), contributions during the 'eyes weeks' were almost <u>three times higher</u> than <u>those</u> made during the 'flowers weeks.'

4 🔒정답 the findings may have implications for how to provide effective nudges toward socially beneficial outcomes

📖해설
have implications for ~을 암시하다
how to v ~하는 방법

5 🔒정답 being watched

📖해설
문맥 상 "누군가가 지켜보다"의 의미를 나타내는 동명사 수동표현이 들어가면 된다.

6 🔒정답 "Being watched" is a hidden influence on our cooperative behaviour.

📖해설
누군가가 지켜보는 것이 더 많은 기부를 유도하여, 사회적으로 이익이 되는 행동을 이끌어 낼 수 있다는 연구 결과에 관한 내용이다. 제시된 조건에 맞게 같은 맥락의 문법적으로 맞는 문장이면 정답처리.

🔍해석
사람들이 커피값을 기부하는 양심 상자 가까이에, 영국 Newcastle University의 연구자들은 사람의 눈 이미지와 꽃 이미지를 번갈아 가며 진열해두었다. 각각의 이미지는 일주일씩 진열되었다. 꽃 이미지가 놓여 있던 주들보다 눈 이미지가 놓여 있던 모든 주에 사람들이 더 많은 기부를 했다. 연구가 이루어진 10주 동안, '눈 주간'의 기부금이 '꽃 주간'의 기부금보다 거의 세 배나 많았다. 이 실험은 '개발된(진화된) 협력 심리가 누군가가 지켜보고 있다는 미묘한 신호에 아주 민감하다.'는 것과 이 연구 결과가 사회적으로 이익이 되는 성과를 내게끔 어떻게 효과적으로 넌지시 권할 것인가를 암시한다고 말했다.

[2]

1 🔒정답 ©, ⑩

📖해설
© avoid being uncomfortable
　avoid는 동명사를 목적어로 취한다.
⑩ key to doing things differently
　key to에서 to는 전치사이다.

2 🔒정답 overcoming your instinct to avoid uncomfortable things <u>at first</u> is essential
또는 <u>at first</u> overcoming your instinct to avoid uncomfortable things is essential

📖해설
동명사를 주어로 하는 문장을 만들면 된다. at first의 위치는 밑줄 친 표현과 같이 위치변경이 가능하다.

3 🔒정답 It is essential to overcome your instinct to avoid uncomfortable things at first.
It is essential that you should overcome your instinct to avoid uncomfortable things at first.

📘해설
It ~ to의 가주어/진주어 구문과 It ~ that 구문이다. 특히 가정법 문장으로 It is essential that 구문으로 전환할 때, [It is essential that S should V]구문에서 should를 사용해야 함에 주의한다. should는 생략이 가능하지만, 주어진 빈칸에 맞춰 사용하면 된다.

4 🔒정답 (A) stay comfortable (B) success

📘해설
본문은 편안한 상태에 머물길 원하는 욕망을 극복하는 것이란 성공의 핵심이란 내용이다. stay를 사용하여 (A)에는 stay comfortable을 넣으면 되고, 두 번째는 success를 넣으면 된다.

🔍해석
때때로, 당신은 불편하기에 성공으로 이끌어 줄 무언가를 피할 필요가 있다고 느낀다. 아마도 당신은 피곤하기에 추가적인 일을 피하고 있다. 당신은 불편한 것을 피하고 싶어서 적극적으로 성공을 차단하고 있다. 따라서 처음에는 불편한 것을 피하고자 하는 당신의 본능을 극복하는 것이 필요하다. 편안함을 주는 곳을 벗어나서 새로운 일을 시도하라. 변화는 항상 불편하지만, 성공을 위한 마법의 공식을 찾기 위해서 그것(변화)은 일을 색다르게 하는 데 있어 핵심이다.

[3]

1 🔒정답 related, role

📘해설
be related to = be involved in. 그리고 문맥적으로 play a role in도 같은 의미로 사용되고 있다.

2 🔒정답 ㉠ Some marine algae that routinely cover huge patches of ocean absorb sunlight and convert it into heat
㉡ before it can be reflected back into space

📘해설
㉠의 경우 주격관계대명사의 활용에 주의해서 영작하고, ㉡의 경우 수동태에 주의한다.

3 🔒정답 microbes thus affect the weather

📘해설
미생물에 해당하는 해조류는 햇빛이 우주로 반사되기 전에 빛을 흡수해서 열로 전환시킨다고 했고, 바다는 "지구 날씨의 원동력"이라고 했으므로 결국 "미생물은 날씨에 영향을 미친다"는 내용이 빈칸에 들어가면 된다. 그러므로 제시된 단어를 활용하여 microbes thus affect the weather와 같이 영작하면 된다.

4 🔒정답 there is probably no human endeavor in which microbes fail to play a part at some level

📘해설
There구문과 [전치사 + 관계대명사 S V]의 패턴을 먼저 잡고, fail to v의 구문을 활용해야 한다. 1번 문제에서 사용된 play a role in과 같은 표현인 play a part in의 표현의 이해도 묻고 있다.

5 🔒정답 effects / microbes(microorganisms) / earth
[참고] microbes = microorganisms = bacteria

🔍해석
지진이나 화산과 같은 주요한 사건들을 제외하고, 미생물이나 박테리아가 어떤 식으로든 관련되지 않은 지구상에서 발생하는 사건은 거의 없다. 바다를 덮고 있는 일부 해조류는 햇빛이 우주로 반사되기 전에 그 빛을 흡수해서 열로 전환시킨다. 바다는 지구 날씨의 원동력이기에 미생물은 날씨에 영향을 미친다. 대부분의 다세포 생물들은 많은 미생물들과 밀접한 연관을 맺으며 산다. 더욱이 미생물이 어느 정도로든 역할을 하지 않는 인간의 노력은 아마 없을 것이다. 미생물이 없다면 지구상의 생명체가 존재할 수 없다는 것은 분명한 사실이지만, 사람들은 미생물의 활동을 단지 인간에게 미치는 주요한 영향(예를 들면, 질병)과 영리를 목적으로 하는 사업(예를 들면, 포도주 생산)의 측면으로만 생각하는 경향이 있다.

[4]

1 **정답** ㉠ that could boost athletic performance
㉡ been recommended

2 **정답** ⓐ is reported to have eaten dried figs to enhance training
ⓑ is reported that one ancient Greek athlete ate dried figs to enhance training

해설
ⓐ의 경우 to부정사의 완료표현에 주의할 것.
is reported <u>to have eaten</u> dried figs to enhance training
ⓑ의 경우 that절 내 동사는 본동사 is의 현재시제와 달리 과거시제를 써야 한다.
is reported that one ancient Greek athlete <u>ate</u> dried figs to enhance training

3 **정답** Perceived benefit

해설
정의되는 단어는 Perceived benefit이다.

4 **정답** have stood the test of time

해설
still endure to exist는 "아직까지 남아 존재하다"이다. 제시된 단어를 활용한 동의표현은 stand the test of time이고, 문맥에 따라 현재완료 시제를 적용해 have stood the test of time으로 바꾸어 표현할 수 있다.

해석
운동 영양학이 매우 새로운 학문 분야이긴 하지만, 선수들의 운동 기량을 향상할 수 있게 하는 음식에 관한 조언은 늘 존재해 왔다. 고대 그리스의 한 운동선수는 몸 상태를 향상하기 위해 말린 무화과를 먹었다고 전해진다. 1908년 올림픽에서 마라톤 선수들은 기량을 향상하기 위하여 코냑을 마셨다는 보고가 있다. 십 대 달리기 천재인 Mary Decker는 1970년대에 스포츠계를 놀라게 했는데, 그녀는 경주 전날 밤 스파게티 한 접시를 먹었다고 이야기했다. 그러한 관행은 그것의 실제적인 이득 혹은 자신의 운동 분야에서 탁월한 능력을 보인 개인들이 인식한 이득 때문에 운동선수들에게 권고될 수도 있다. 분명 마라톤 중에 술을 마시는 것과 같은 이러한 관행 중 일부는 더 이상 추천되지 않지만, 경기 전날 밤의 고(高)탄수화물 식사와 같은 다른 관행은 여전이 존재한다(세월의 검증을 견뎌냈다).

10회 내신 서술형 실전

WARM UP

01

1 not only takes into account the use of recycled materials in product creation / but also considers the eventual disposal of the product

2 serve as a personal space for self-expression / no one is watching / no one we know will see us

3 a minimum commute of at least twenty minutes / by a desire for some time to mentally prepare or transition between work and home

4 provides a reason for his choice of a cat / more helpful in explaining his preference but not necessarily more credible

5 Different animals have different abilities to detect scents / some smells that humans cannot detect but other animals can

6 The types of scents detected by different species / how they are perceived / depend on the animals' ecological niche

7 enables it to detect and locate relevant sources of scent and respond accordingly

02

1 Improved design of medical settings / can positively impact patients' well-being and healing process

2 Anonymity in traffic / have interesting effects and alter drivers' behaviors

3 a private and preferred place for people to express their emotions

4 forget about the presence of a camera / engage in various behaviors, including picking their nose

5 is unsure whether they should get a cat or a dog as a pet

6 No species has the ability to detect all the molecules in their environment

7 vary in their ability to detect and perceive odors / how pleasant they find them

실전편 **10** 회

[1]

1 🔒정답 body of

📄해설
a body of something은 "~이 많은"이란 뜻으로 주로 수집된 것에 사용된다.
예) There is a growing body of evidence that charges are too high. 요금이 너무 높다는 증거가 점점 늘어나고 있습니다.

2 🔒정답 surgery patients in rooms with ample natural light required less pain medication, and their drug costs were 21 percent lower than their counterparts in traditional rooms

3 🔒정답 ㉠ This approach not only creates products from recycled materials, but ㉡ it also designs the products with an eye to their eventual disposal as well as their use.

📄해설
with an eye to ~을 의도하고, 염두에 두고

4 🔒정답 Power of design to enhance our lives

📄해설
"우리의 삶을 향상시키는 디지안의 힘"을 다루는 글이다.

🔍해석
디자인은 우리가 기대하는 것 이상을 할 수 있다. 그것은 때로 세상을 바꿀 수도 있다. 건강관리를 예로 들어보자. 점점 더 많은 증거가 의료 환경 디자인의 개선이 환자가 더 빠르게 회복하도록 도와준다는 것을 보여준다. Pittsburgh's Hospital에서의 한 연구에서 풍부한 자연광이 드는 병실의 수술 환자들이 진통제를 덜 필요로 했으며, 그들의 약제비용도 전통적인 병실의 환자보다 21퍼센트 더 적었다. 디자인

은 또한 환경적인 이점을 가져다줄 수 있다. 친환경 디자인 운동은 지속가능성 원칙을 소비재 디자인에 포함시킨다. 이런 접근법은 재활용 재료로부터 상품들을 만들어 낼 뿐만 아니라, 이것은 그것들의 사용은 물론 마지막 처리도 염두에 두고(의도하고) 상품을 디자인한다.

[2]

1 🔒정답 anonymity, anonymous

📄해설
빈칸 (가)의 경우 문맥상 "익명성"에 해당하는 단어가 들어가면 된다. ㉡과 같은 맥락에서 "카메라를 잊다"는 보는 사람이 없다는 뜻이므로 become anonymous가 적절하다.

2 🔒정답 too short

📄해설
사람들은 선택의 권한이 주어지면 적어도 20분 이상 되는 최소한의 통근 시간을 원한다는 내용은 자기표현의 공간으로 오히려 "지나치게 짧은" 통근은 싫어한다는 의미로 빈칸에 too short가 들어가면 된다.

3 🔒정답 (A) solitude (B) free

📄해설
운전자는 자신을 자유롭게 표현할 수 있는 자신의 차에서 고독을 찾는 경향(혼자 있고 싶어 하는 경향)이 있습니다.

🔍해석
때로 교통 속의 익명성은 몇 가지 흥미로운 부수적 효과를 지닌 효과적인 약의 기능을 한다. 아무도 지켜보지 않고 우리가 아는 사람은 누구도 우리를 보지 못할 것이므로, 바로 자동차의 내부가 자기표현을 위한 유용한 장소가 된다. 이것은 대부분의 사람들은 선택의 권한이 주어지면 적어도 최소한 20분 이상 되는 통근 시간을 원하는지 설명해 준다. 운전자들은 이 혼자 있는 '나만의 시간,' 즉 노래하고, 다시 10대와 같은 감정을 느끼고, 일시적으로 직장과 가정에서의 답답한 역할로부터 자유로워질 수 있는 시간을 원한다. 한 연구에서 자동차는 사람들이 어떤 일에 대해 소리 지르는 장소로 선호하는 곳이라는 사실을 발견했다. 또 다른 연구에 따르면, 연구자들은 운전자들에 대해 연구하기 위해 자동차 내부에 카메라를 설치했다. 그들은 잠시 시간이 흐른 후에, 운전자들은 '카메라에 대해 잊어버리고' 코를 파는 것을 포함하여 온갖 종류의 것을 시작한다는 보고 했다.

[3]

1 🔒정답 ㉠ whether he should keep a cat or a dog as a pet
㉡ his reply would usually be seen as useless advice
㉢ a similar situation that he was in or that he heard about
㉣ take the advice offered by the story more to heart

2 🔒정답 (A) persuasive (B) stories

📄해설
스토리의 형태로 전달할 때 가장 설득 있다는 내용이다.

🔍해석
우리는 우리가 가진 믿음을 간단하게 말하거나, 또는 그것의 실례를 들어 설명하는 이야기를 할 수도 있다. 예를 들어, 만약 John이 Bill에게 애완동물로 고양이를 길러야 할지 아니면 개를 길러야 할지 혼란스럽다고 말하고, Bill이 "고양이,"라고 대답한다면 그의 대답은 대개 쓸모없는 조언으로 여겨질 것이다. 남들의 믿음을 우리가 직접 믿을 수 있으려면 우리는 남들의 믿음에 대한 정당성이 필요하다. 만약 Bill이 "고양이가 좋아, 왜냐하면 고양이는 귀엽고 조용하니까."라고 대답한다면 그가 더 도움을 주기는 하겠지만 반드시 더 신뢰할 수 있는 것은 아니다. 그러나 만약 Bill이 자기가 겪었거나 들은 비슷한 상황, 그리고 그 경우에 어떻게 선택이 되었는지와 그것이 결국 어떻게 되었는지에 관한 이야기와 함께 대답한다면, John은 상당히 관심을 가지고 그 이야기에 의해 제공되는 조언을 진지하게 생각할 것이다.

[4]

1 🔒정답 causes, odour(또는 odor)

📄해설
"종과 개인 간 냄새 인식의 차를 유발하는 요인"을 다루는 글이다.

2 🔒정답 ㉤ detecting by → detected by
수동태 표현에 주의.
㉥ enable them to locate → enable it to locate
each species를 받는 대명사로 them이 아니라 it으로 써야 옳다. 그리고, 5형식 동사 enable은 [enable + 목적어 + to v]의 구조를 가진다는 점도 기억한다.

3 🔒정답 genetic differences

📄해설
사람들이 동일한 냄새에 다르게 반응하는 것은 "유전적 차이" 때문이다.
This effect has an underlying genetic component due to differences in the genes controlling our sense of smell.

🔍해석
각종의 동물들은 서로 다른 범주의 냄새를 감지할 수 있다. 어떤 종도 그것이 살고 있는 환경에 존재하는 모든 분자를 감지할 수는 없는데, 우리는 냄새를 맡을 수 없지만 몇몇 다른 동물들은 냄새를 맡을 수 있는 몇 가지 것들이 있고, 그 반대의 경우도 있다. 어떤 냄새를 맡을 수 있는 능력이나 그것이 얼마나 좋은 느낌을 주는지와 관련된 개체들 사이의 차이 역시 존재한다. 예를 들어, 어떤 사람들은 미국에서 고수(cilantro)라고 알려진 고수(coriander)의 맛을 좋아하는 반면, 다른 사람들은 그것이 비누 맛이 나고 불쾌하다고 여긴다. 이러한 결과에는 우리의 후각을 조절하는 유전자 차이로 인한 내재 된 유전적 요소가 있다. 궁극적으로, 특정 종에 의해 감지된 냄새들의 집합 그리고 그 냄새가 어떻게 인식되는가는 그 동물의 생태에 달려 있을 것이다. 각종의 반응 도표는 그 종이 자신과 관련된 냄새의 원천을 찾고 그에 따라 반응할 수 있게 해 줄 것이다.

11회 내신 서술형 실전

WARM UP

01

1 If someone were to say / you would have heard this expression before

2 Only after the expression becomes familiar and its novelty wears off / does it become the basis for a new conceptual metaphor

3 The complexity of a man's behavior over time / a reflection of the complexity of his environment

4 While complex behavior is commonly associated with complex mental processes / it is important to also consider environmental factors to fully understand such behavior

5 Removing a keystone species / the dependency or significant impact that other species have on it

6 Conserving fig trees in tropical rainforest ecosystems / crucial for the survival of monkeys, birds, bats, and other vertebrates

7 which would you be more attracted to

02

1 The metaphor compels you to start thinking of life / that are associated with a cup of coffee

2 What we have overlooked

3 People adapt to their environments much as gelatin does

4 what form it will have when it solidifies / that holds the gelatin

5 Should the fig trees disappear / most of the fruit-eating vertebrates would be eliminated

6 as if the flowers are waving to the insects

7 due to their greater range of motion / flowers with long, thin stalks attract more insects

[1]

1 **정답** novelty

해설
"한 번도 경험한 표현"의 특징으로 n으로 시작하는 단어는 novelty이다. 본문에서 동의어로 originality가 있다.

2 **정답** a cup of coffee

해설
"Life is a cup of coffee"에서 삶에 비유되는 a cup of coffee를 지칭한다.

3 **정답** (나) The metaphor compels you to start thinking of life in terms of physical, social, and other attributes that are associated with a cup of coffee (다) For this metaphor to gain currency

해설
(나) The metaphor compels / you / to start thinking of life in terms of physical, social, and other attributes that are associated with a cup of coffee [compel + 목적어 + to v] 5형식 구문과 주격관계대명사의 활용한다.
(다) (For this metaphor) to gain currency
부사적 용법의 to부정사의 의미상의 주어 활용한다.

4 **정답** Then and only then will its novelty have become worn out and will it become the basis for a new conceptual metaphor

해설
조동사 미래완료 표현 + 부사구 도치(Then and only then)

5 **정답** (A) reflect on (B) originality (C) popularity (D) give birth to

📝**해설**

은유적 표현은 초기에는 사람들이 그 표현에 대해서 **곰곰이 생각하지만**, 대중화가 되면서 "**새로움**"이 사라지게 되고, 유사한 비유적 표현을 만들어내는 기반이 된다는 내용이다.

🔍**해석**

누군가 "인생은 한 잔의 커피와도 같다"고 말한다면, 당신은 이 말을 전에 들어본 적이 없을 가능성이 높다. 하지만 이 문구의 신선함이 당신을 한 번쯤 이 의미에 대해 생각하게 만들 것이다. 여기서 사용된 은유의 매체는 커피 한 잔인데, 이것은 일상생활에 있어 흔한 물건이므로 너의 인생에 대해서 생각하게 만든다. 이 은유는 커피 한 잔과 관련된 물리적, 사회적 및 기타 속성 측면에서 삶을 생각하기 시작하도록 만든다. 이 은유가 통용되기 위해서는, 오랫동안 많은 사람들의 머릿속에 각인 되어야 한다. 그래야만 이 은유의 신선함이 사라질 것이고 새로운 개념의 은유가 탄생하는 것이다; 인생은 음료다. 그 이후에, "인생은 한잔의 차이다, 인생은 한 잔의 맥주이다, 인생은 한 잔의 우유이다"와 같은 표현들이 인생의 다양한 관점을 제공하면서 유사하게 이해될 수 있다.

[2] ·················○

1 🔒**정답** What we have overlooked is the ant's environment

📝**해설**

현재완료 시제의 활용과 주어자리에 위치한 주격관계대명사 what은 단수취급임에 주의해서 영작한다.
[What we have overlooked] is the ant's environment

2 🔒**정답** a reflection of the complexity of the environment in which he finds himself

📝**해설**

[전치사+관계대명사]의 활용에 주의한다.

3 🔒**정답** People adapt to their environments much as gelatin does

📝**해설**

일반동사의 대동사이므로 3인칭 단수 주어에 맞춰 조동사 does를 써야 한다.

4 🔒**정답** 특정 대상의 형태를 규정하는 것이 환경임을 강조하기 위해(해당 내용과 같은 맥락이면 정답으로 인정)

5 🔒**정답** (A) associate (B) mental (C) environmental

📝**해설**

"복잡한 행동을 복잡한 정신적 작용과 관련시키는 경향이 있지만, 그러한 행동을 더 잘 이해하기 위해서는 환경적인 요인들이 또한 고려되어야 한다."는 내용이다.

6 🔒**정답** program

📝**해설**

인간의 마음에 비유되는 것은 개미 뇌의 program이다.

🔍**해석**

개미는 모래 언덕 위에서 오른쪽으로, 왼쪽으로, 앞으로 움직인다. 개미가 선택한 길의 복잡성을 어떻게 설명할 수 있을까? 우리는 개미의 뇌 속에 있는 정교한 프로그램을 생각해 낼 수 있지만, 그것은 해결책이 되지 않는다. 우리가 간과해 온 것은 개미의 환경이다. 개미는 단순한 규칙, 즉 태양에서 벗어나서 집으로 돌아가는 규칙을 따르고 있을지도 모른다. 복잡한 행동이 복잡한 정신적 전략을 암시하는 것은 아니다. 똑같은 것이 인간에게도 적용된다. 시간이 흐르면서 복잡한 것 같아 보이는 인간의 행동은 주로 인간이 처한 환경의 복잡성을 반영하는 것이다. 사람들은 젤라틴과 매우 비슷하게 자신의 환경에 적응한다. 젤라틴이 굳어질 때에 어떤 모양이 될 것인지 알고 싶다면, 그것을 담는 틀의 모양을 살펴보라. 행동을 이해하려면, 정신과 환경을 둘 다 살펴보아야 한다.

[3] ·················○

1 🔒**정답** The fact that other species depend on or are greatly affected by the keystone species is revealed when the keystone species is removed.

📝**해설**

the fact that S V (동격의 that) / be (부사) p.p의 수동태 활용

2 🔒**정답** It is in this sense that we should draw attention to fig trees

해설

it ~ that 강조구문의 활용, draw attention to ~에 관심을 보이다.

<u>It</u> is (in this sense) <u>that</u> we should draw attention to fig trees

3 🔒정답 Should the fig trees disappear, most of the fruit-eating vertebrates would be eliminated

해설

가정법 미래 생략/도치를 확인해 본다.

<u>If</u> the fig trees <u>should</u> disappear
= <u>Should</u> the fig trees disappear

4 🔒정답 survive, extinction

해설

5번 요지의 내용에 따라 첫 번째 빈칸에는 "생존하다"의 survive가 들어가면 된다. 같은 맥락에서 "멸종으로부터 보호"되는 것이므로 두 번째 빈칸은 extinction이 들어가면 된다.

5 🔒정답 (A) support (B) insufficient (C) preserve

해설

요지: 열대우림의 핵심종으로서 무화과나무는 다른 과실들이 <u>불충분할</u> 때 과실을 먹는 동물들의 생존을 <u>유지해</u> 주며, 그리하여 그들의 생태계를 <u>보존해</u> 준다.

🔍해석

특정 종들은 다른 종들보다 자신들의 생태계 유지에 더 결정적이다. 그러한 종들은 핵심종이라 불리며 전체 생태계의 특성과 구조를 결정하는 데 매우 중요하다. 다른 종들이 핵심종에 의존하거나 크게 영향을 받는다는 사실은 핵심종이 제거되었을 때 드러난다. 바로 이런 관점에서 우리는 무화과나무에 주의를 기울여야 한다. 서로 다른 종의 무화과나무들이 열대우림에서는 핵심종일 수 있다. 무화과가 집단으로 지속적인 과실을 만들어 내지만, 열대우림의 과실을 먹는 원숭이, 새, 박쥐, 그리고 다른 척추동물들은 일반적으로 자신들의 먹이에서 많은 양의 무화과를 먹지 않는다. 그러나, 한 해 중 다른 과실들이 덜 풍부한 시기 동안에 무화과나무는 과실을 먹는 척추동물을 먹여 살리는 데 중요해진다. 무화과나무가 사라지면, 과실을 먹는 척추동물들이 대부분 제거될 것이다. 그러한 열대우림 생태계에서 무화과나무를 보호하는 것은 원숭이, 새, 박쥐, 그리고 다른 척추동물들의 생존 가능성을 높여 주기 때문에 중요한 보존 목표이다.

[4]

1 🔒정답 If you were a butterfly, would you be attracted to a more colorful flower or a less colorful one

해설

가정법 과거 [If S were ~, S would ~]의 기본 표현에서 제시된 단어를 활용하여 영작하도록 한다.

<u>If</u> you <u>were</u> a butterfly, <u>would</u> you be attracted to a more colorful flower or a less colorful one

2 🔒정답 pollinators

해설

밑줄 친 (가)는 "꽃가루 매개자"를 나타내므로 제시된 철자로 시작하는 빈칸에 들어갈 단어는 pollinators이다.

3 🔒정답 mobile

해설

앞뒤 내용으로 보아 "움직이는"에 해당하는 단어를 써 넣어야 한다. 제시된 철자를 만족하는 단어는 mobile이다.

4 🔒정답 flowers

해설

mobile flowers에 대조되는 more static한 "꽃"을 나타낸다. flowers가 정답이다.

5 🔒정답 To draw an insect's attention, flowers advertise themselves by moving their stalks.

해설

다음 두 문장에서 글의 요지를 파악할 수 있다. 해당 내용을 바탕으로 요지문을 작성하면 된다.

Recent studies, however, reveal <u>another powerful tool of attraction</u> used by flowers: <u>moving in the wind</u>.

Along with this interesting finding, scientists have also concluded that, due to their greater range of motion, <u>flowers with long, thin stalks attract more insects</u>.

해석

당신이 나비라면, 더 화려한 꽃에 끌릴까요? 아니면 소소한 꽃에 끌릴까요? 대부분의 사람들은 아마 더 화려한 꽃을 선택하는 것을 선호할 것이다. 벌이나 나비와 같은 꽃가루 매개자들도 마찬가지다. 수년 동안, 생물학자들은 꽃이 꽃가루 매개자를 유인하기 위해 인상적인 색상, 향기, 정교하게 만들어진 꽃잎, 그리고 과즙을 사용하는 것을 알게 되었다. 그러나, 최근의 연구는 꽃이 사용하는 다른 강력한 유혹의 도구를 발견했다: 바람이 불 때 움직이는 것. 과학자들은 움직이는 꽃이 정적인 꽃들보다 꽃가루 매개 곤충들에 의해 더 자주 방문 되는 것을 발견했다. 마치 그 꽃들이 곤충들에게 손을 흔들면서 "환영해요. 이리와 과즙 한 잔 해요."라고 말하는 것과 같다. 이 놀라운 발견과 함께, 과학자들은 그 꽃들의 넓은 활동 범위 때문에, 길고 가는 줄기의 꽃들은 더 많은 곤충들을 끌어들인다고 결론지었다.

12회 내신 서술형 실전

WARM UP

01

1 A growing number of young adults / avoid consuming meat, poultry, and fish / a rise in the popularity of vegetarianism in mainstream society

2 stop eating meat as a form of protest against the inhumane conditions / that the majority of animals raised for food endure

3 act as limitations on our potential and who we can become

4 Fear and anxiety are closely related emotions / from pursuing actions that would bring us happiness

5 Despite our desires to be the best version of ourselves / fail to take the necessary steps to achieve our goals

6 be presented with a list of search engines to choose from / which are tailored to suit your research project

7 Despite living in a considerably safer and more predictable world than our ancestors / have been conditioned to perceive ourselves as vulnerable beings in a dangerous environment

02

1 change their diets for reasons other than just health concerns

2 fail to keep the promises we make to ourselves

3 The methods to attain our goals are not difficult to find

4 a tool designed to help users locate particular information

5 to keep in mind / no single search engine has access to all available websites

6 If they utilized fear in their narratives and requests / they could grab our attention

7 an emotion that is difficult to ignore or manage

실전편 12회

[1]

1 🔒정답 in preventing and treating certain dieases

📄해설
전치사 + 동명사(준동사)

2 🔒정답 health concerns are not the only reason that young adults give for changing their diets

📄해설
~ not the only reason that S V의 구조에서 that은 목적격 관계대명사이다.
health concerns / are not the only reason <u>that</u> young adults give / for changing their diets

3 🔒정답 When they are faced

📄해설
주절의 주어가 many teens에서 부사절 내 생략된 주어가 they임을 파악할 수 있다. be faced with의 수동태 표현을 감안하여 생략된 they are를 넣으면 된다.
<u>When (they are) faced</u> with the statistics that show the majority of animals raised as food live in confinement, <u>many teens</u> give up meat to protest those conditions.

4 🔒정답 ㉠ health ㉡ animal welfare ㉢ excessive

📄해설
Some make the choice <u>out of concern for animal rights</u>. When faced with the statistics that show <u>the majority of animals raised as food live in confinement</u>, many teens give up meat to protest those conditions. ← animal welfare
Others turn to vegetarianism to support the environment. Meat production <u>uses vast amounts</u>

of water, land, grain, and energy and creates problems with animal waste and resulting pollution.
← excessive use of environmental resources

5 🔒정답 주제: Popularity of vegetarian diets among young people

📄해설
"젊은 사람들을 중심으로 채식주의가 인기 있는 이유"를 밝히는 글이다.

🔍해석
채식은 점점 더 많은 젊은이들이 고기, 가금류, 생선에 반대함에 따라 주류가 되어가고 있다. American Dietetic Association에 따르면, 대략 계획된 채식 식단은 건강에 좋고, 영양학적으로도 적당하고, 특정한 질병을 예방하고 치료하는 데 건강상의 이점을 제공한다. 그러나 건강에 대한 염려들이 젊은이들이 그들의 식단을 바꾸려고 하는 유일한 이유는 아니다. 몇몇은 동물의 권리에 대한 관에서 선택한다. 음식으로 길러지는 대다수의 동물들이 갇혀서 산다는 것을 보여주는 통계자료를 볼 때, 많은 십대들은 그러한 상황에 저항하기 위해 고기를 포기한다. 다른 사람들은 환경을 지지하기 위해 채식주의자가 된다. 고기를 생산하는 것은 거대한 양의 물, 땅, 곡식과 에너지를 사용하고 가축에서 나오는 쓰레기와 그에 따른 오염과 같은 문제들을 만들어낸다.

[2]

1 🔒정답 we seldom focus on the ways in which we voluntarily impose constraints on our lives

📄해설
부정부사 seldom의 위치, they ways in which S V의 형태 그리고 impose A on B의 숙어에 주의해서 영작한다.
we seldom focus on the ways in which we voluntarily impose constraints on our lives

2 🔒정답 obscure

📄해설
도치구문임을 확인한다.
Nor are the means to achieve these things obscure.
= And The means to achieve these things are not obscure, either.
Nor = and + not + either

3 🔒정답 keep us from doing

📄해설
keep A from v-ing의 3형식 동사 keep의 구조를 문맥에 맞게 응용할 수 있는지를 묻는 문제이다.

🔍해석
우리는 자유의 상실에 관해 생각하며 우리가 자발적으로 우리의 삶에 강제를 부과하는 방식에 좀처럼 초점을 맞추지 않는다. 두려워서 시도하지 못하는 모든 것들, 즉 실현되지 못한 꿈들은 현재의 우리 그리고 그렇게 될 수도 있었을 우리에 대한 제한이 된다. 우리를 행복하게 만들어줄 것들을 우리가 하지 못하게 하는 것은 대개 두려움과 그것의 가까운 사촌인 불안 때문인 것이다. 우리 삶의 많은 부분이 스스로에게 어겨진 약속들로 이루어져 있다. 자신을 교육시키고, 일터에서 성공을 거두고, 사랑에 빠지고 하는 것과 같은 우리가 하고 싶어 하는 것들은 모든 이들에 의해 공유되는 목적들이다. 또한, 이러한 것들을 성취하는 수단이 모호하지도 않다. 그렇지만 우리는 종종 우리가 되고 싶은 사람들이 되기 위해 필요한 것을 하지 않는다.

[3]

1 🔒정답 index

📄해설
빈칸에 동사로 활용된 "색인을 붙이다; 색인에 넣다"의 index가 들어가면 된다.

2 🔒정답 This will give you a list of search services from which you can select the search engine that fits your research project.

📄해설
[전치사+관계대명사]
This will give you a list of search services.
You can select the search engine that fits your research project (from the list).
→ from which
⇒ This will give you a list of search services from which you can select the search engine that fits your research project.

3 🔒정답 ㉠ pick ㉡ suitable ㉢ to

📋해설

㉠은 '고르다"의 pick, ㉡, ㉢은 fit과 같은 의미의 be suitable to를 활용하면 된다.

4 🔒정답 single search engine that contains all the available sites

또는 single search engine containing all the available sites

🔍해석

정보를 찾기 위해 할 수 있는 가장 좋은 검색 엔진을 사용해라. 검색 엔진은 컴퓨터 프로그램에 의해 수집된 웹 사이트 상의 검색 가능한 데이터베이스다. 색인은 여러 인터넷 사이트로부터 검색자가 특정한 정보를 발견하는 것을 가능하도록 만들어졌다. 검색엔진과 웹 디렉토리를 모두 갖춘 목록을http://www.allfindengine.com/에서 발견할 수 있다. 이것은 당신에게 검색 서비스 목록을 주는데 그것으로부터 당신은 연구 프로젝트에 맞는 검색 엔진을 선택할 수 있다. 그러나 하나의 검색 엔진이 모든 이용 가능한 사이트를 포함할 수는 없다는 것을 기억하라. 가장 큰 검색 엔진조차도 아마도 웹상의 이용 가능한 문서의 단지 15%만을 포함한다.

[4]

1 🔒정답 It is an emotion we find hard to resist or control

📋해설

목적격 관계대명사가 생략된 구조를 확인한다.
It is an emotion (that) we find (목적어 생략) hard to resist or control

2 🔒정답 of which we were not aware

📋해설

be aware of의 동사숙어에서 of가 관계대명사 앞으로 전치된 경우이다.

3 🔒정답 haunting

4 🔒정답 how fragile we are

📋해설

[의문사 + 형용사 + 주어 + 동사]의 간접의문문의 어순에 맞게 작성하도록 한다.
With the increasing sophistication of the media and the haunting quality of the imagery, they have been able to give us the feeling that we are fragile creatures in an environment full of danger ~

5 🔒정답 safer(또는 동의어어에 해당하는 표현은 정답)

📋해설

문맥 상 실제는 "위험하지 않은"에 해당하는 표현이 들어가야 하고, and에 병치되는 표현이 비교급인 것에 주의해서 작성한다.

6 🔒정답 exploitation, anxieties

📋해설

미디어는 인간의 두려움에 호소해 관심을 끈다는 내용이다.
In the nineteenth century, a decisive moment occurred when people in advertising and journalism discovered that if they framed their stories and appeals with fear, they could capture our attention.

🔍해석

19세기에 공포감을 이용하여 이야기를 만들고, 호소하면 사람의 주의를 사로잡을 수 있다는 것을 광고와 언론에 종사하는 사람들이 발견하게 되는 결정적인 순간이 발생했다. 그것은 우리가 저항하거나 조절하기 어려운 감정이어서, 그들은 가장 최근의 건강에 대한 불안, 새로운 범죄의 급증, 우리가 인식하지 않았던 환경에 존재하는 끝없는 위험 요소 등과 같은 새로이 생길 수 있는 근심거리 쪽으로 우리의 초점을 끊임없이 이동시켰다. 미디어가 점점 더 고도로 발전되는 것과 영상이 갖는 뇌리를 떠나지 않는 특성을 이용하여, 비록 우리가 우리의 선조들이 알고 있었던 그 무엇보다 훨씬 더 안전하고 더욱 예측 가능한 세상에 살고 있기는 하지만, 그들은 우리가 위험으로 가득 찬 환경에 사는 연약한 존재라는 느낌을 우리에게 계속 줄 수 있었다. 그 사람들 덕분에, 우리의 불안이 계속 증가해오기만 했다.

13회 내신 서술형 실전

WARM UP

01

1 ingrained habits can be challenging to abandon
2 Fear can hinder personal growth and progress / from taking risks and stepping outside their comfort zones
3 choose to remain in unsatisfying jobs or relationships / the fear of the unknown is greater than the fear of staying in a negative situation
4 results in the loss of local species / endangers those species that rely on vast expanses of land to survive
5 The attempt to manipulate rivers into regular shapes / demonstrating the detrimental impact of disregarding the relationship between form and function
6 Despite being modernized / still rely on traditional hunting and gathering practices to sustain themselves / have developed into a fully-fledged civilization
7 While some societies have transitioned from foraging to farming / a model that every society should follow

02

1 a natural force that can hinder the ability to make changes
2 Consistent patterns are necessary for preventing chaos in our lives
3 refers to the range of environments where living organisms can exist
4 serves as a home to a multitude of species / with many of them relying on that habitat for their survival

5 allows it to adapt to fluctuations in water level and velocity
6 The intricate structures of natural systems are critical to their proper functioning
7 not all societies advance in the same manner

실전편 13회

[1]

1 🔒정답 ⓛ

📋해설
encourage → limit

2 🔒정답 they make it difficult to abandon entrenched behaviors

📋해설
5형식 가목적어/진목적어 구문의 활용과 entrenched의 과거분사 표현에 주의해서 영작한다.
[make + it + 형용사 + to v]

3 🔒정답 fear can keep you from changing when you don't want to risk a step into the unknown territory

📋해설
[keep + 목적어 + from v-ing]의 구문을 활용한다.

4 🔒정답 Fear and its dual functions in terms of change

📋해설
"변화의 관점에서 두려움의 두 가지 기능"을 다루는 글이다.

🔍해석
진화의 관점에서 볼 때, 두려움은 변화를 조성하고 제한하며, 종을 보존하는 데 기여해 왔다. 우리는 두려워하도록 내재되어 있다. 안정이 그러하듯이, 그것은 생존의 필수 사항인데, 그것은 변화하는 능력을 제한할 수 있는 자연의 또 다른 힘이다. 우리가 혼돈 속에서 살지 않기 위해서 안정적인 패턴이 필요하다. 그러나 그것은 굳어버린 행동, 심지어는 더 이상 쓸모도 없고, 건설적이지도 않으며, 건강한 상태를 만들어 내지도 않는 행동마저도 버리는 것을 어렵게 만든다. 그리고 두려움은, 알려지지 않은 영역으로 위험을 무릅쓰고 발걸음을 내딛고 싶지 않을 때, 여러분이 변하는 것을 막는다. 예를 들어, 어떤 사람들은 알려진 것보다는 알려지지 않은 것을 두려워하기 때문에 성취감이 없는 일이나 소원해지는 관계라도 저버리지 않기를 바란다. 반면에, 두려움은 또한 여러분의 부모 중 한 분도 그랬을지도 모르듯이, 젊은 나이에 죽는 것과 같은 두려운 것을 피할 수 있도록 변화를 자극할 수 있다.

[2]

1 🔒**정답** Each habitat is the home of numerous species, most of which depend on that habitat

📋 **해설**
[접속사 + 대명사 = 관계대명사]
Each habitat is the home of numerous species, <u>and</u> most of <u>them</u> depend on that habitat.
= and + them = which
= Each habitat is the home of numerous species, <u>most of which</u> depend on that habitat

2 🔒**정답** Elimination of all but small patches of habitat

📋 **해설**
"~을 제외하고 모든"에 해당하는 all but의 용례에 주의해서 영작한다.
Elimination of [<u>all but</u> (small patches of habitat)]
　　　　　　　　all but N

3 🔒**정답** The <u>shrinkage</u> of <u>habitats</u> and its <u>consequences</u>

📋 **해설**
More often, an entire habitat does not completely disappear <u>but instead is reduced gradually until only small patches remain.</u>
<u>서식지가 점점 줄어드는 현상과 본문 후반부에 그로 인한 부정적 여파를 다루고 있다.</u>
~ because it not only <u>eliminates many local species</u> but also <u>threatens those species that depend on vast acreage for their survival.</u>

🔍**해석**
서식지의 다양성이란 생물이 존재하는 장소들의 다양성을 말하는 것이다. 각 서식지는 수많은 종류의 생물들이 사는 곳인데, 그들 대부분은 그 서식지에 의존한다. 그것이 사라질 때, 엄청난 수의 생물의 종들의 또한 사라지게 된다. 더 흔한 경우에, 서식지 전체가 완전히 사라지는 것이 아니라, 그 대신에 점진적으로 줄어들어서 결국에는 오직 작은 면적의 서식지들만이 남게 된다. 미국 내의 원시림들과 해안 습지들, 그리고 현재는 전 세계적으로 열대우림에 이러한 일이 일어나고 있다. 작은 면적의 서식지들만을 제외하고 모든 서식지들이 파괴되면, 많은 종류의 그 지역 생물들을 멸종시킬 뿐만 아니라 생존을 위해 광활한 면적을 필요로 하는 생물들도 위협하기 때문에 특히 그 피해가 심하다.

[3]

1 🔒**정답** <u>For</u> natural systems <u>to function</u>, complex forms are <u>essential</u>

📋 **해설**
to부정사의 부사적 용법과 함께 의미상의 주어 표현에 주의한다.
[(<u>For</u> natural systems) <u>to function</u>], complex forms are essential

2 🔒**정답** accommodate

📋 **해설**
"적응하다"의 의미의 단어는 accommodate이다.

3 🔒**정답** irregular, irregularities

📋 **해설**
The natural river has a very ㉠ _____ form: <u>it curves a lot, spills across floodplains, and leaks into wetlands, giving it an ever-changing and incredibly complex shoreline.</u>
밑줄 친 내용을 통해서 ㉠에 irregular가 빈칸에 들어가면 된다.
These ㉡ _____ <u>allow</u> the river to accommodate variations on water level and speed.
복수형 명사를 수식하는 지시형용사 These와 allow로 보아 irregular의 명사형인 irregularities가 정답이다.

4 🔒정답 The Complex Feature of Nature: Form Follows Function

📋해설
글의 요지는 강을 사례로 "자연이 특정 형태(form)를 취하는 것은 그 기능(function)을 의도한 것이다"이다. 첫 번째 빈칸의 경우 중심소재인 Nature가 들어가고, 두 번째와 세 번째 빈칸은 Follows 동사를 중심으로 각각 Form과 Function이 들어가면 된다.

🔍해석
지난 20년 혹은 30년 동안의 상세한 연구는 자연계의 복잡한 형태가 그것의 기능에 필수적이라는 것을 보여주고 있다. 강을 직선화하고 규칙적인 횡단면으로 만들고자 하는 시도는 아마도 이러한 형태-기능 관계의 가장 막심한 피해 사례가 될 수 있다. 자연 발생적인 강은 매우 불규칙한 형태를 가지고 있다. 그것은 많이 굽이치고, 범람원을 가로질러 넘쳐 흐르고, 습지로 스며 들어가서 끊임없이 변화하여, 엄청나게 복잡한 강가를 만든다. 이것은 강의 수위와 속도 조절할 수 있게 한다. 강을 질서정연한 기하학적 형태에 맞춰 넣는 것은 기능적 수용 능력을 파괴하고 1927년과 1993년의 Mississippi강의 홍수와, 더 최근에는, 허리케인 Katrina와 같은 비정상적인 재난을 초래한다.

[4]

1 🔒정답 hierarchy

📋해설
영영풀이에서 설명되는 빈칸 (가)에 들어갈 단어는 hierarchy이다.

2 🔒정답 not all societies progress the same way

📋해설
제시된 문장은 글의 요지인 "모든 사회가 동일한 연속적 단계를 통하여 진보한 것은 아니다"라는 것을 뒷받침하는 사례이다. 그러므로 "모든 사회가 같은 방식으로 진보되는 것은 아니다"와 같은 내용이 들어가야 하므로 부분부정(not all)을 사용한 not all societies progress the same way가 바른 영작이다.

3 🔒정답 Limitations / existing

📋해설
"기존의 문명 발달 이론의 한계점"을 지적하는 글이다.

🔍해석
오랫동안 인류학자들은 모든 인간 사회가 잘 알려진 진화의 연속적 단계를 통하여 진보한다고 믿었다; 이것은 단선적 또는 한 방향으로의 사회진화론적 개념이었다. 그 단계는 낮은 수준의 기술을 지닌, 단순한 저 인구 사회로 특징지어지는 Savagery, 약간 복잡하고, 중간 수준의 기술을 지닌 중간 규모의 인구 사회로 특징지어지는 Barbarism, 거대 인구와 고도의 기술로 특징지어지는 Civilization이었다. 그러나 인류학과 고고학은 이러한 위계(단계적 발전)가 사실이 아니라는 것을 보여주었다. 오늘날의 전통적인 북극 지방 사람들은 여전히 그들의 생계를 위해 식량을 찾아다니고, 인구 밀도가 낮지만 그들의 사회는 완전한 문명으로 진화했다. 실제로 일부 사회가 식량을 찾아다니는 단계에서 농경으로 전이했기 때문에 당신은 모든 사회가 그래야 한다고 생각하고 싶을지 모른다. 사실은 모든 사회가 같은 방식으로 진보되는 것은 아니다.

WARM UP

01

1 prefer to set noon as the moment when the sun reaches its highest point in the sky

2 maintain the tradition of setting noon as the time of the day when the sun is at its peak / facilitating the understanding of time differences between different time zones

3 people tend to remember things better and for a more extended period / if they discover them on their own rather than being informed

4 challenges his students with complex questions related to their reading homework

5 Focusing too much on future aspirations / deplete the energy needed to take action and pursue one's goals

6 trick our minds into believing that we have already achieved our objectives

7 the less inclined we are to volunteer our time or interact with people in our social circles

02

1 appears to be necessary for efficient time management

2 challenges the students with difficult questions based on their reading homework

3 Women who(that) had more positive self-image / those with less positive self-image

4 make individuals feel satisfied with their current situation and less motivated to pursue change

5 Television is often viewed as a means of relaxation / a way to escape from daily stressors temporarily

6 activities that contribute to social well-being / a sustainable way of building social connections

7 Spending more time watching television / result in less time spent with real-life friends

[1]

1 🔒정답 the time at which the sun is at its highest point in the sky

📋해설
[전치사 + 관계대명사]와 "가장 높은 지점에 있는"의 at one's highest point의 표현을 활용한 부분영작이다.
the time at which the sun is at its highest point in the sky
at one's highest point에 소유격 대명사는 the sun을 받으므로 its가 됨에 유의한다.

2 🔒정답 different

📋해설
지구의 자전으로 인해서 태양이 최고점에 있는 시점인 "정오"가 나라마다 "다르다"는 내용이므로 자리에 맞게 different가 들어가면 된다.

3 🔒정답 wouldn't need time zones

📋해설
만약 사람들이 동일한 장소에 산다면 자전의 영향과 상관없이 같은 시간대에 있으므로 모두에게 "정오"는 같은 시간대일 것이다. 당연히 time zone을 설정할 필요가 없게 되므로 이에 맞는 가정법을 작성하면 된다.
If people on the Earth lived in the same place, we wouldn't need time zones.

4 🔒정답 reason / why / have / time / zones

📋해설
첫 번째 문장에서 시간의 효율적 활용을 위해 전 세계의 모든 사람들이 "정오"의 개념을 사용한다고 했다. 하지만, 자전으로 인해서 지역마다 정오의 시기가 다르기 때문에

이를 보정하기 위해 "시간대(time zone)"을 설정하고, 이를 통해서 "다른 시간대 간의 시간을 이해하는 것이 쉬워졌다"고 말하고 있다. 그러므로 본문의 제목으로 "시간 대가 필요한 이유"가 적절하다.

🔍해석

시간을 효율적으로 활용하고 측정하기 위해서, 전 세계의 모든 사람들은 태양이 하늘에서 가장 높은 지점에 있는 시간을 정오로 설정하고 싶어 한다. 그러나 이것은 표준시간대의 사용 없이는 불가능한 것 같다. 지구가 시간당 15도씩 자전하기 때문에, 태양은 세계 각국에서 낮 동안 다른 시간에 하늘의 가장 높은 지점에 있다. 표준시간대 이면의 생각은 우리가 세상을 각각 15도씩 24개의 동일한 단위나 지역으로 나눌 수 있고, 각 지역에 따라서 시계를 맞출 수 있다는 것이다. 그래서 우리는 각 국가마다 태양이 하늘의 가장 높은 지점에 있을 때를 정오라고 지정할 필요를 유지할 수 있고, 다른 시간대 간의 시간을 이해하는 것이 쉬워졌다.

[2] ·············o

1 🔒정답 It / to remember / Discovering

📋해설

things를 something으로 표현했다. 뒤에 대명사 it에서 힌트와 제시된 철자에 힌트를 얻도록 한다.

2 🔒정답 ⓒ Instead, he asks students difficult questions, based on their homework reading, which(또는 that) <u>require</u> them to pull together sources of information to solve a problem.

📋해설

관계대명사 which 또는 that의 선행사는 <u>difficult questions</u>이므로 requires → require로 표현해야 한다. 참고로 based on their homework reading는 삽입어구이므로 계속적 용법이 아님. 그러므로 which 뿐 아니라 that을 쓸 수 있다는 점에 주의한다.

3 🔒정답 stick with

📋해설

영영풀이에 설명되는 단어는 stick with이다.

🔍해석

학습과학에 관한 지난 20년간의 연구는 만약 우리가 무언가에 관해서 듣는 것보다 스스로 발견한다면 우리는 그것들을 더 잘 기억하고, 더 오래 기억한다는 것을 결론적으로 보여주었다. 이것은 물리학 교수 Eric Mazur에 의해 실천되는 교수법이다. 그는 하버드 수업에서 (설명식) 강의를 하지 않는다. 대신에, 그는 독서 활동 과제에 기반하여 학생들에게 문제를 해결하기 위해 정보 자료를 모을 수 있게 만드는 어려운 질문을 던진다. Mazur는 그들에게 답을 주지 않는다. 대신에, 그는 학생들을 소그룹으로 나누어 그들 스스로 문제를 토론하도록 요구한다. 결국, 학급의 거의 모든 사람들이 정답을 맞히고, 그들이 정답으로 가는 길을 스스로 찾았기 때문에 이러한 개념들은 그들에게 오래 남는다.

[3] ·············o

1 🔒정답 <u>as they tried</u> to lose a few pounds

📋해설

문맥 상 살을 빼려는 주체가 women이므로 부사절 내 주어를 they로 쓰고, 본동사의 시제가 과거(studied)임에 주의해서 "그들이 살을 좀 빼려고"에 해당하는 as로 시작하는 부사절을 작성하면 <u>as they tried</u> to lose a few pounds이다.

2 🔒정답 the more positively women imagined themselves, the fewer pounds they lost

📋해설

positive는 문맥 상 부사가 되어야 하므로 the more positively와 같이 영작하고, few는 [the 비교급, the 비교급] 구문에 맞추어 비교급 fewer로 표현해야 한다.

3 🔒정답 ㉠ Positive thinking fools our minds into perceiving that we've already attained our goal ⓒ slackening our readiness to pursue it.

📋해설

아래 영작문의 밑줄 친 표현과 같이 조건에 맞게 영작하면 된다.
Positive thinking <u>fools</u> / our minds / <u>into</u> perceiving that we've already attained our goal, <u>slackening</u> our readiness to pursue it.

4 🔒정답 Positive thinking fools our minds into perceiving that we've already attained our goal, <u>which slackens</u> our readiness to pursue it.

📄해설
아래 밑줄 친 부분을 관계대명사의 계속적 용법을 사용하여 변형하면 다음과 같다.
Positive thinking fools our minds into perceiving that we've already attained our goal, <u>slackening</u> our readiness to pursue it.
→ Positive thinking fools our minds into perceiving that we've already attained our goal, <u>which slackens</u> our readiness to pursue it.

5 🔒정답 (A) hinder (B) inactive

📄해설
본문은 "긍정적 사고가 오히려 <u>게을러지게</u> 함으로 성공의 기회를 <u>방해한다</u>"는 내용이다.

🔍해석
뉴욕 대학교 심리학자인 Gabriele Oettingen은 살을 좀 빼려고 체중감량 프로그램에 등록한 여성들을 연구했다. 그 연구에서 참여자들은 긍정적인 생각(스스로가 자신의 목표를 달성하는 것을 상상함)을 동기를 부여하는 것으로 사용했다. 그 결과는 그다지 긍정적이지 않았다. Oettingen은 뉴욕타임즈에 "일 년 뒤, 내가 이 체중감량 연구에 참여한 여성들을 확인해 보았더니 이 시나리오에서 <u>스스로를 더 긍정적으로 생각한 여성들일수록, 체중이 더 적게 감량되었다.</u>"라고 썼다. 위 연구와 Oettingen의 다른 연구들이 발견한 대로, 긍정적인 생각은 사람들이 자신의 현재 상태에 대해 편안하게 느끼게 한다. 지나치게 편안히. 그녀는 미래에 대해 꿈꾸는 것이 '목표 달성을 위해 행동을 취하는 데 필요한 에너지를 없앨 수 있다'라고 언급했다. "긍정적인 사고는 우리의 사고가 우리의 목표를 이미 달성했다고 인식하도록 속이며, 그것을 수행하기 위한 준비를 느슨하게 한다."

[4]

1 🔒정답 as it <u>takes over more than half of our free time</u>

📄해설
주절의 주어가 Television이므로 부사절 내의 주어는 it이 되어야 하고, 3인칭 단수 주어에 맞춰 takes와 같이 표현해야 함에 주의한다.
<u>as</u> it <u>takes over</u> more than half of our free time

2 🔒정답 it is also likely to "crowd out" other activities that produce more sustainable social contributions to our social well-being

📄해설
[be likely to v]는 덩어리 표현으로 암기해 둔다. "몰아내다"는 crowd out, "~에 공헌"은 contributions to, 그리고 선행사 other activities를 수식하는 주격관계대명사의 활용에 주의해서 영작한다.
it is also likely to "<u>crowd out</u>" other activities (<u>that</u> produce more sustainable social contributions to our social well-being)

3 🔒정답 As <u>we watch more television</u>, we <u>are less likely to volunteer our time or to spend time with people in our social networks.</u>

📄해설
[the 비교급 + the 비교급] 구문을 as가 이끄는 부사절로 시작하는 문장으로 변환한 것으로 be likely to과 함께 아래 밑줄 친 부분의 변형에 주의해서 영작한다.
The <u>more television</u> we watch, the <u>less likely</u> we are to volunteer our time or to spend time with people in our social networks.
<u>As</u> we watch <u>more television</u>, we <u>are less likely to</u> volunteer our time or to spend time with people in our social networks.

🔍해석
텔레비전은 미국과 유럽에서 제1의 여가활동인데, 우리의 자유시간 중 절반 이상을 소비한다. 우리는 일반적으로 텔레비전을 휴식하고, 관심을 끄고, 매일 잠시나마 우리의 문제로부터 탈출하는 하나의 방법으로 생각한다. 이것이 사실이긴 하지만, 우리가 외롭다고 느끼고 있거나 사회적 관계를 위한 더 큰 욕구를 가질 때 우리가 좋아하는 쇼들과 등장인물들을 보려는 동기가 더 부여된다는 증거가 늘어나고 있다. 적어도 단기적으로는, 텔레비전을 보는 것이 이러한 사회적인 욕구를 어느 정도까지는 정말로 만족시킨다. 불행히도, 그것은 또한 우리의 사회적 행복을 위한 더 지속적인 사회적 기여를 만들어 내는 다른 활동들을 "몰아내기" 쉽다. 우리가 텔레비전을 더 볼수록, 우리는 사회적 관계망 속에서 우리의 시간을 기꺼이 할애하거나 사람들과 함께 시간을 덜 보내기 쉽다. 다시 말해서, 우리가 Friends를 위해 더 많은 시간을 낼수록, 실제 친구들을 위해서는 시간을 덜 갖게 된다.

정답 및 해설

MAGNUS
서술형 시리즈

고등영어 서술형
실전편

저자운영카페

N | 공유의 기쁨   ⌨ ▾ ◯

http://cafe.naver.com/chongjee 보충자료다운로드

정가 16,000 원
53740

9 791188 426805
ISBN 979-11-88426-80-5